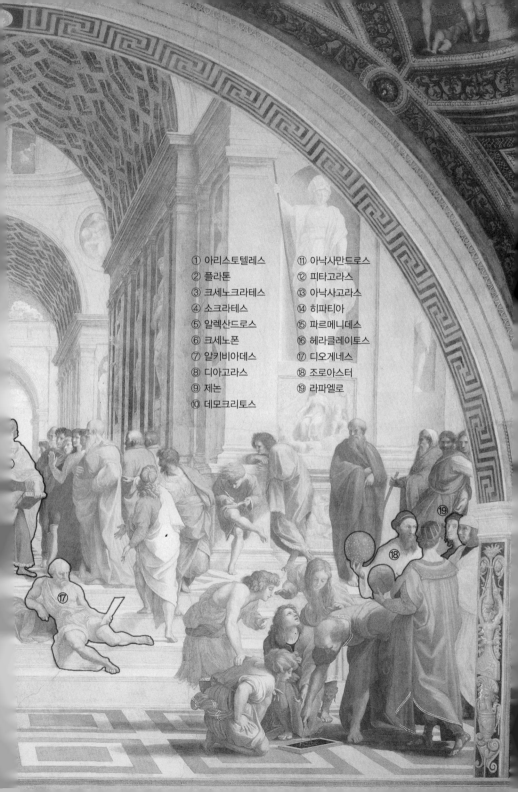

① 아리스토텔레스
② 플라톤
③ 크세노크라테스
④ 소크라테스
⑤ 알렉산드로스
⑥ 크세노폰
⑦ 알키비아데스
⑧ 디아고라스
⑨ 제논
⑩ 데모크리토스
⑪ 아낙사만드로스
⑫ 피타고라스
⑬ 아낙사고라스
⑭ 히파티아
⑮ 파르메니데스
⑯ 헤라클레이토스
⑰ 디오게네스
⑱ 조로아스터
⑲ 라파엘로

소크라테스의 변명 / 크리톤 / 파이돈

돋을새김 푸른책장 시리즈 **013**

소크라테스의 변명/크리톤/파이돈 [개정판]

개정 1쇄 2015년 3월 30일
개정 3쇄 2018년 7월 15일

지은이 | 플라톤
옮긴이 | 권혁
발행인 | 권오현

펴낸곳 | 돋을새김
주소 | 경기도 고양시 일산동구 하늘마을로 57-9 301호 (중산동, K시티빌딩)
전화 | 031-977-1854 팩스 | 031-976-1856
홈페이지 | http://blog.naver.com/doduls 전자우편 | doduls@naver.com
등록 | 1997.12.15. 제300-1997-140호
인쇄 | 금강인쇄(주)(031-943-0082)

ISBN 978-89-6167-177-4 (03160)
Copyright ⓒ 2008, 2015, 권혁

값 10,000원

돋을새김
푸른책장
시 리 즈
0 1 3

소크라테스의 변명 外

플라톤 지음 | **권혁** 옮김

돋을새김

자, 이제 떠날 시간입니다.
나는 죽기 위해, 여러분은 살기 위해 떠나야 할 시간입니다.
그러나 우리 중 누구가 더 나은 쪽으로 갈 것인지는
신밖에 모를 것입니다.

플라톤 Platon BC 427(?)~347

소크라테스 Socrates BC 470(?)~399
플라톤에게 가장 영향을 끼친 사람은 소크라테스였다.

〈소크라테스의 죽음〉 유화, 자크 루이 다비드, 1787

소크라테스는 아테네 법정에서 사형을 선고받고 한 달간 감옥에서 지낸다. 마지막까지 제자들과 대화를 나누었으며 이 대화를 정리한 사람이 플라톤이다.

〈소크라테스의 죽음〉 유화, 쟈크 필립 조셉, 1762

플라톤의 「파이돈」은 영혼불멸에 대한 소크라테스의 믿음을 보여주는 내용이다. 소크라테스의 철학은 결국 플라톤에 의해 영원히 존재하게 되었다.

독약을 마시는 소크라테스와 슬퍼하는 제자들
소크라테스는 사형을 선고한 아테네의 법을 수호한다며 기꺼이 독약을 마셨다.

소크라테스와 세계 3대 악처로 꼽히는 그의 아내. 남루한 옷에 거의 맨발로 다니는 소크라테스는 아테네에서 '가장 지혜로운 자'였다.

중세시대에 그려진 소크라테스와 플라톤

소크라테스와 알키비아데스의 대화

알키비아데스는 소크라테스의 제자였으나, 무절제와 사리사욕으로 인해 소크라테스가 고소당하는 빌미를 제공했다.

알키비아데스를 가르치는 소크라테스

소크라테스는 알키비아데스와 같은 아테네의 젊은 청년들을 타락시킨다는 혐의로 고
소당했다.

일러두기

1. 이 책은 영어본인 『Plato, The Complete Works』, ed. John M. Cooper with D. S. Hutchinson (Indianapolis: Hackett, 1997)과 독어본인 『PLATON S mtliche Werke』, b. Fr. Schleiermacher u.a. 6 Bde. (Rowohlt, 1957-59)을 대본으로 완역한 것이다. 단락, 각주 등은 내용을 보다 잘 이해할 수 있도록 돕기 위하여 역자가 임의로 정했다.

2. 이 책에서 열거한 인명과 지명은 국립국어연구원의 외래어 표기법에 따라 그리스어의 발음에 따라야 하는 것이 원칙이지만, 영어식 표기에 익숙해져 있는 경우에는 통용되는 발음대로 표기했다.

차례

소크라테스의 변명

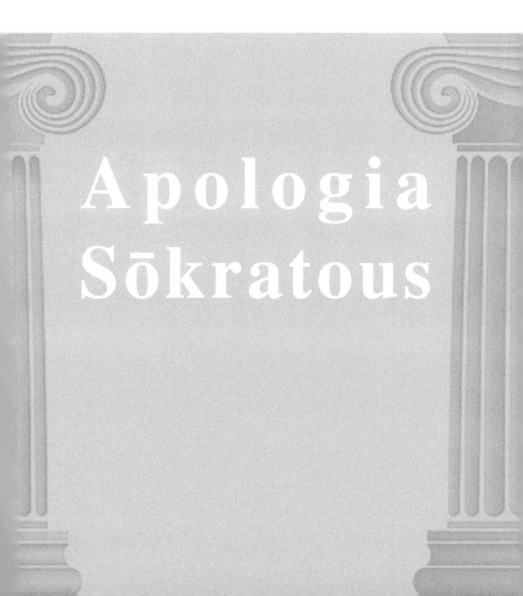

Apologia
Sōkratous

1. 재판장에 서다

아테네 시민들이여,[*] 여러분이 나를 고발한 사람들의 말에 어느 정도까지 공감하고 있는지 나는 전혀 알 수 없습니다. 하지만 그럴듯하게 꾸며낸 그들의 말을 듣고 있자니, 나조차도 내 자신이 어떤 사람인지 모를 정도입니다. 그들은 진실이 담긴 이야기라곤 거의 한마디도 하질 않았습니다.

그들이 내뱉은 수많은 거짓말 중에서도 특히 놀라운 것은, 내가 대단한 달변가이니 속지 않으려면 단단히 조심해야만 한다는 것입니다. 내가 입을 열기만 해도 대단한 달변가가 아니라는 사실이 금방 확인될텐데도, 그들이 그렇게 말하는 것은 파렴치한 일이라고 생각합니다. 하지만 그들이 말하는 달변가가 진실을 말하는 사람

---

[*] 소크라테스가 재판장에서 '배심원'이 아닌 '아테네 시민'으로 부른 것은 배심원들이 그를 재판할 도덕적 권리가 없다고 생각했기 때문이다.

을 의미한다면 그 주장을 받아들이겠습니다.

이미 말씀드렸듯이, 그들은 전혀 진실을 말하지 않았지만, 저는 여러분에게 진실만을 말씀드릴 것입니다. 그러나 저 사람들처럼 아름답게 치장된 말은 사용하지 않을 것입니다. 그 대신 나의 주장이 정당하다는 것을 확신하고 있으므로, 그때그때 머릿속에 떠오르는 대로 말하고 변론을 펼칠 것입니다.

아테네 시민들이여, 나는 평생 동안 여러분 앞에 나서서 무언가를 호소해본 적이 없습니다. 그러니 나에게 젊은 사람들이 하는 것과 같은 변론을 기대하지는 말아주십시오.

그리고 여러분의 양해를 미리 구해두어야 할 일이 한 가지 있습니다. 여러분이 평소 들어온 대로, 제가 아고라*의 환전소 등에서 하던 어투로 변론을 펼친다고 해서 놀라거나 당황하지는 마십시오. 저는 이미 일흔 살이 넘었지만 재판정에 나온 것은 오늘이 처음입니다. 그래서 이곳에서 사용하는 용어들은 저에게는 생소한 것들뿐입니다. 만약 제가 다른 지역의 사람이라면 다른 지역의 언어와 방식으로 변론을 펼치는 것에 여러분은 관용을 베풀 것입니다. 마찬가지로 좋을 수도 있고 나쁠 수도 있는 저의 변론 방법에는 괘념치 마시고 제가 하는 말들이 진실한 것인지에 대해서만 관

---

* agora, 고대 그리스 국가에서 시민들의 일상생활이 이루어지던 광장과 시장이다. 어원은 아고라조(모이다)로써 사람들의 모임이나 모이는 장소를 의미한다.

심을 가져주시기를 부탁드립니다. 변론가에게 진실만을 말하도록 하고 그에 따라 공정하게 판단하는 것이야말로 재판의 미덕이기 때문입니다.

고발인들을 두 부류로 나누다

자, 그러면 먼저 과거의 비난들과 그것을 고발한 사람들을 향해 제 자신의 변론을 펼친 다음에 최근의 비난에 대해서도 변론하도록 하겠습니다. 아니토스*와 그 동료들 역시 두렵기는 하지만, 과거에 행해진 비난들은 여러 해에 걸쳐 온갖 거짓을 통해 자행된 것이고 거기에 관여한 사람들도 많기 때문에 저에게 더 많은 걱정을 줍니다.

여러분이 어렸을 때부터 숱한 거짓말로 나를 비난하며 여러분의 생각을 혼란스럽게 만들어온 그들은 훨씬 위험한 사람들입니다. 그들은 소크라테스라는 사람이 높은 하늘에 있는 것에 대해 사색하고 깊은 땅속을 연구하며 허술한 주장을 훌륭한 주장으로 만들어

---

* Anytos, 원고 멜레토스의 변호인으로 민주파의 유력한 정치가이다. 사실상 소크라테스를 기소한 주동인물이다.

준다고 말합니다.

　이러한 소문을 널리 퍼뜨린 사람들이 바로 나를 고발했던 사람들이며 나는 그들이 두렵습니다. 그들의 이야기를 듣게 된 사람들은, 그런 연구를 하는 자라면 분명 신을 믿지 않는 것이라고 생각할 수 있기 때문입니다.

　이러한 소문을 만들어 퍼뜨린 사람들은 아주 많습니다. 그들은 아주 오래 전부터 나를 중상모략해왔습니다. 여러분이 지금보다 감수성이 예민하던 어린이였거나 청년이었던 시절부터 내가 없는 사이에, 나를 변호해줄 사람도 전혀 없을 때를 틈타 비난했던 것입니다. 하지만 무엇보다 견디기 힘든 일은, 그들 중에 희극시인이 한 명 있다는 것 외에는, 그들이 누구인지 이름조차 알 수 없다는 사실입니다. 질투심에 휩싸여 악의를 품고 자기 자신을 속이고 남들까지 속이는 그런 사람들이 가장 상대하기 어려운 법입니다. 그중 단 한명도 이 자리에 불러낼 수 없으니 서로의 생각을 꼼꼼히 따져볼 수도 없습니다. 그러니 나를 지키기 위해 허깨비들과 싸워야 하고, 또 반론을 펴는 사람도 없는데 나를 위한 변론을 해야 하는 상황이 되었습니다.

　앞서 말씀드렸듯이, 나를 비난하는 사람들은 최근에 나를 고발한 사람들과 오래 전부터 나를 비난해왔던 두 부류라는 것을 기억해주십시오. 그리고 내가 그 두 부류 중에서 여러분이 우선적으로 알고 있거니와 더 심한 고발인 오래 전의 고발에 대해 먼저 이야기하려 한다는 것도 기억해주십시오.

그럼 지금부터 변론을 시작하겠습니다. 여러분이 가지고 있는 나에 대한 중상모략을 최대한 빨리 치워버리도록 노력하겠습니다. 그렇게 하는 것이 나와 여러분 모두에게 도움이 될 것이며, 저 스스로도 이 재판에서 정당한 성과를 거둘 수 있기를 바랍니다. 하지만 그것이 일의 속성상 그리 쉽지 않다는 것을 잘 알고 있습니다. 그러므로 결과는 신의 마음에 따라 가도록 두고, 법에 따른 변론을 펼치도록 하겠습니다.

첫번째 변론을 펼치다

자 이제 처음으로 돌아가, 저에 대한 선입견을 만든 첫번째 비난의 내용이 무엇이었던가를 살펴보도록 하겠습니다. 그것을 믿고 멜레토스가 고발을 했던 것입니다. 자, 나를 고발한 사람들이 '선서진술서'를 통해 어떤 말을 했는지 읽어 보겠습니다.

소크라테스는 주제넘게도 천상과 지하의 일들을 연구하는가 하면 약한 입장을 강한 입장으로 변화시키면서 이런 것들을 남들에게 가르치고 있다.

이것이 바로 고발 내용입니다. 바로 여러분이 아리스토파네스[*]의 희극[**]에서 확인할 수 있는 내용입니다. 그 연극에서 소크라테스 역할을 맡은 사람은 바구니를 타고 오르락 내리락 하면서 자신이 공기 위를 걸어다닌다고 말하는 등 어처구니 없는 이야기들을 많이 하더군요. 저는 그런 것들에 대해 전혀 아는 바가 없습니다. 내가 사람들을 무시해서 이런 말을 하는 것이 아닙니다. 나는 정말로 그런 이야기들과 상관이 없기 때문입니다.

이 자리에 있는 아주 많은 분들이 그동안 나의 이야기를 들었을 것이므로, 진실에 대한 증인이 되어 내가 그러한 것에 대해 조금이라도 이야기하는 것을 들은 적이 있는지 서로 확인해보십시오. 그렇게 하면 내가 약한 입장을 강한 입장으로 만든다는 등의 고발에 대해서도 그 실상을 판단하실 수 있을 것입니다.

내가 돈을 받기 위해 사람들을 가르친다는 것도 전혀 근거가 없는 말입니다. 설사 그런다고 해도 나쁜 일은 아니겠지만 어쨌든 그

---

[*] Aristophanēs, 그리스 아테네의 대표적인 희극 작가.
[**] BC 423년에 상연한 희극 「구름」을 말한다. 이 작품에는 소크라테스와 그의 제자 알키비아데스가 나온다. 극에서 소크라테스는 자연과학자로 나오며 또한 "아들이 부모를 때릴 수 있다"는 궤변을 그럴 듯한 논증으로 증명하는 인물로 나왔다.

것은 전혀 사실과 다른 이야기입니다. 그런 경우에 해당하는 것은 레온티노이의 고르기아스*, 케오스의 프로디코스, 엘리스의 히피아스** 같은 사람입니다. 그들은 도시들을 돌아다니며 아무런 대가 없이도 자기 도시의 사람들로부터 배움을 얻을 수 있는 청년들을 설득하여 자신들에게 돈을 내고 배우게 할 뿐만 아니라 고마운 마음까지 품도록 만들었습니다. 내가 듣기에, 지금 이 도시에도 파로스 출신의 현자가 한 명 와 있다고 합니다. 이 이야기는 다른 사람들 모두가 쓴 것보다 더 많은 돈을 떠돌이 교사들에게 지불했던 히포니코스의 아들인 칼리아스***에게서 들은 것입니다. 두 명의 아들이 있는 그에게 물어보았습니다.

"칼리아스, 만약 자네의 두 아들이 망아지나 송아지라면, 그들이 훌륭하게 되도록 조련사를 찾아내어 고용해야 하지 않겠나? 그런데 자네의 두 아들은 사람이니, 그들을 위해 어떤 선생을 골라주려고 하는가? 그 선생은 인간 및 시민의 훌륭함이 무엇인지에 대해 잘 알고 있는 사람이어야 하지 않겠는가? 자네는 이 문제에 대해

---

* Gorgias, 고대 그리스의 철학자이자 대표적인 소피스트였다. 뛰어난 웅변 솜씨로 많은 사람들을 감동시켜 외교정책을 전환시키는 데 성공했으나 고국에 정변이 일어나자 해외로 망명하여 변론술 교사로 생활했다. 저서로는 『비유론』, 『헬레네 송』 등이 있다.
** Hippias, 아테네의 제2대 참주로, 아테네를 경제적·문화적으로 발전시켰다. 그러나 그의 동생 히파르코스가 암살되자 폭정으로 변했으며 스파르타의 무력으로 인해 아테네에서 추방되었다.
*** Kallias, 당시 그리스 제일의 부자.

생각해보았을 것이라고 생각하는데, 그런 사람을 찾았는가?"

그는 "찾았지요"라고 대답했습니다.

나는 "그가 누구인가? 어디에서 왔으며 또 보수는 어떻게 되는가?"라고 물었습니다.

"소크라테스 선생, 그는 파로스 출신의 에우에노스*이고 보수는 5므나입니다."

그래서 나는 에우에노스가 그런 기술을 갖추고 있으며 보수에 걸맞는 가르침을 베푼다면 축복해주려고 했습니다. 만약 내게 그런 지식이 있었다면 스스로를 대견하게 생각했겠지만, 아테네 시민 여러분! 나에게는 그런 지식이 없습니다.

어쩌면 여러분 중에 이렇게 반론을 펼칠 분이 있을지도 모르겠습니다. "그렇다면 소크라테스, 당신이 하는 일은 무엇이오? 당신에 대한 험담은 왜 생겨난 것이오? 분명 당신이 다른 사람들은 하지 않는 이런저런 별난 짓을 하지 않았다면 그런 소문이나 평판은 떠돌지 않았을 것 아닙니까. 당신이 어떤 일을 하고 있는지 우리들에게 말해준다면, 당신에 대한 경솔한 판단은 하지 않게 될 것이오."

이런 요구는 당연한 것이기에, 어떻게 내가 현자라는 평판을 듣

---

* Euēnos, 소피스트의 한 사람으로 시인이며 철학자이다.

게 되었고 또 시중에 떠도는 선입견은 어떻게 생겨난 것인지에 대해서도 밝히도록 노력하겠습니다. 그러니 잘 들어주십시오.

내가 농담이나 하려는 것처럼 생각하시는 분들도 있겠지만, 나는 오직 진실만을 말씀드리려 한다는 것을 믿어주십시오. 아테네 시민 여러분! 내가 현자라는 말을 듣게 된 것은 어떤 지혜를 가지고 있기 때문입니다. 그렇다면 그건 어떤 지혜일까요? 아마 그것은 그저 누구나 가질 수 있는 예사로운 지혜일 것입니다. 실제로 그 정도만으로도 지혜롭게 보였던 것입니다.

아까 언급한 사람들은 보통 사람들 이상의 지혜를 가지고 있는 사람들일 것입니다. 나는 그들의 지혜에 대해 어떤 견해를 가지고 있지 못합니다. 그런 지혜에 대해 아는 바가 없기 때문입니다. 따라서 누군가 나에게 그러한 지혜가 있다고 말한다면, 그것은 나를 비방하기 위해 거짓되게 말하는 것입니다.

아테네 시민 여러분! 내가 하는 말이 조금은 거만하게 들리더라도, 소리치거나 야유하지 말아주십시오. 지금부터 여러분에게 들려주려는 것은 내가 생각해낸 이야기가 아니라, 여러분이 믿고 따르는 권위를 갖춘 사람의 말을 인용하는 것이기 때문입니다.

내가 가지고 있는 지혜에 대해서라면 그것이 어떤 것인지에 대해 델포이의 신*을 여러분께 증인으로 삼아 증명하도록 하겠습니다. 여러분께서는 분명 카이레폰**을 알고 있을 것입니다. 그는 젊은 시절부터 나의 동료였으며 또한 여러분의 동료이기도 했습니다. 그는 여러분과 함께 추방되었다가*** 함께 돌아온 사람이니 여러분도 그가 어떤 인물인지 잘 알고 있을 것입니다. 아시다시피 그는 자기 일에 대해 열성적인 사람입니다. 언젠가 그는 델포이에 가서 소크라테스보다 더 지혜로운 사람이 있는지에 대한 신탁의 답변을 받고자 했습니다. 자 여러분, 미리 말씀드렸듯이 소리치거나 윽박지르지 말아주십시오.

그때, 델포이의 무녀는 소크라테스보다 더 지혜로운 사람은 없다고 대답했습니다.**** 카이레폰은 이미 세상을 떠났지만, 지금 여기에 그의 동생이 있으니 그가 그 신탁에 대해 증언해드릴 수 있을 것입니다.

자 여러분, 내가 이런 이야기를 하는 까닭은 나에 대한 선입견이 어디에서 생겨났는지를 알려드리기 위해서입니다. 그 신탁을 듣고

---

* 아폴론을 가리킨다. 아폴론은 가장 그리스적인 신으로 그리스 청년의 이상(理想)으로 그려졌다.
** Chairephōn, 소크라테스의 친구이며 제자였다.
*** 30인 정권에서 민주파들은 망명을 했다가 다음해 과두정부가 쓰러지자 귀국했다.
**** 신탁은 "소포클레스는 지혜롭다. 에우리피데스는 더욱 지혜롭다. 그러나 소크라테스는 만인 가운데 가장 지혜롭다"라는 내용이었다.

나는 이렇게 생각했습니다. '대체 신께서 무슨 말씀을 하시는 것일까? 그것이 암시하는 바는 무엇일까? 나는 스스로가 전혀 지혜롭지 않다고 생각하는 사람인데 내가 가장 지혜로운 사람이라는 것은 무슨 뜻일까? 신께서는 절대 거짓을 말하지는 않을 터인데.'

나는 아주 오랫동안 신의 말씀에 대해 의문을 품었습니다. 한참 후에 나는 신이 말하고자 하는 바를 알아내기 위한 방법 한 가지를 겨우 생각해냈습니다. 곧 현자 중 한 사람을 찾아가서 그 사람이 나보다 더 지혜롭다는 것을 증명하여 신탁에 반박하기로 한 것입니다.

나는 여러모로 살펴본 후에 그런 사람 중 한 명을 찾아내어 대화를 나누었습니다. 그는 이름을 밝힐 필요도 없을 정도로 당대의 위대한 정치인 중 한 명이었습니다. 그는 모든 사람들이 지혜롭다고 생각하는 사람이었으며 특히 스스로도 지혜롭다고 자부하는 사람이었지만 대화를 해보니, 전혀 지혜로운 사람이 아니라는 생각이 들었습니다. 그래서 나는 그가 스스로는 지혜롭다고 생각하지만 실제로는 전혀 그렇지 않다는 것을 알려주려고 노력했습니다.

나는 이렇게 생각했습니다. "사실상 이 사람과 나는 훌륭함의 경지에 이르지 못한 점에서는 똑같지만, 적어도 나는 내가 모르는 것에 대해서는 모른다고 생각하는데 이 사람은 자기가 모르는 것에 대해서도 대단한 것을 알고 있다고 생각하는구나. 결국 내가 이 사람보다 현명한 것이구나." 나는 그보다 훌륭하다고 평가를 받는 다른 사람들도 찾아갔는데 결과는 마찬가지였습니다. 그로 인해 나는 많은 사람들로부터 미움을 사게 되었습니다.

하지만 나는 계속해서 여러 사람들을 찾아다녔습니다. 많은 사람들로부터 미움을 받는다는 사실은 나를 슬프고 불안하게 만들었습니다. 그러나 무엇보다 신탁의 의미를 아는 것이 가장 중요하다고 생각했으므로, 뭔가 아는 것처럼 보이는 사람이면 누구든 찾아가 만났습니다.

아테네 시민 여러분, 맹세컨대 나는 여러분에게 진실만을 말씀드리겠습니다. 그리하여 나에게는 마침내 어떤 직관이 생겼습니다. 곧 가장 좋은 평판을 받는 사람들은 대부분 가장 모자라는 사람인 반면, 그들보다 못하다고 여겨지는 사람들이 오히려 더 분별력 있는 사람이라는 사실입니다. 어쨌든 결국 신탁을 반박할 수 없게 되어버렸다는 이야기를 여러분에게 할 수밖에 없게 되었군요.

나는 정치가들 다음으로 시인들을 찾아갔습니다. 즉 비극작가, 디튀람보스*의 작가를 비롯한 많은 시인들을 말입니다. 그들을 마주하여 내 자신이 무식하다는 것이 곧 바로 드러나기를 바라는 심정이었습니다. 나는 그들이 가장 정성을 들였다고 생각하는 작품들에 대해, 그것이 지니고 있는 뜻을 물어보았습니다. 그렇게 함으

* 디오니소스를 찬양하는 노래.

28

로써 그들에게서 무엇인가 배울 수도 있을 것이라고 생각했던 것입니다.

하지만 여러분에게 진실을 말씀드리기가 참으로 부끄러워지는군요. 다름 아니라, 그들의 작품에 관해서는 시인 자신들보다도 그 자리에 있던 다른 사람들이 훨씬 더 잘 설명할 수 있었기 때문입니다. 그리하여 나는 시인들이 시를 짓는 것은 지혜로 하는 것이 아니고 어떤 소질에 의해서, 즉 신탁을 받은 예언자나 점쟁이들처럼 영감을 받아 짓게 된다는 것을 알게 되었습니다.

그들은 아름다운 말을 많이 하면서도 자신들이 무엇을 말하는지는 전혀 알지 못했습니다. 다만 시인들은 어떤 특수한 조건에 놓여진 사람들이라는 것을 알게 되었습니다. 동시에 나는 그들이 시와 같은 것을 쓴다는 이유로 말미암아 가장 현명한 듯이 생각하고 있지만, 사실은 전혀 그렇지 않다는 것을 알게 되었습니다. 그리하여 정치가들의 경우에서와 마찬가지로, 이들 시인보다는 내가 낫다는 생각을 하면서 자리를 떠났습니다.

나는 마지막으로 수공예가를 찾아갔습니다. 나는 그 분야에 대해 전혀 알지 못했지만 그들은 분명 많은 지식을 갖고 있으리라고 생각했기 때문입니다. 나의 생각이 틀리지 않아서 그들은 내가 모르는 것에 대해 잘 알고 있었으며, 그 방면에 있어 나보다 훨씬 더 지혜로웠습니다.

그렇지만 아테네 시민 여러분, 나는 이 훌륭한 기술자들도 시인들과 똑같은 잘못을 저지르고 있다는 생각이 들었습니다.

그들은 기교가 필요한 일을 하는 데 뛰어난 솜씨를 가지고 있다는 이유로, 다른 영역의 일에 대해서도 가장 현명하다고 생각하고 있었습니다. 이러한 과오로 말미암아 그들이 가지고 있는 지혜마저 가려져버렸습니다. 그리하여 나는 신탁의 응답에 대하여 나 자신에게 질문하지 않을 수 없었습니다.

'나는 그들의 지혜를 가지고 있지도 않지만 동시에 그들처럼 무지하지도 않은 지금 상태로 있는 것이 좋은가, 아니면 그들처럼 지혜와 무지를 둘 다 가지고 있는 것이 좋은가? 나는 이 두 가지 가운데 어느 쪽을 선택해야 할 것인가?'

나는 나 자신과 신탁의 응답에 대해, 지금의 상태가 나를 위해 더 좋다는 결론에 이르게 되었습니다.

아테네 시민 여러분, 많은 사람들이 나를 싫어하고 적개심을 갖게 된 것은 내가 이처럼 끈질기게 문제를 추구했기 때문입니다. 그리하여 나는 수많은 비방을 받으면서도 현자라는 이름을 얻게 되었습니다. 그것은 내가 다른 사람을 반박할 때 그 자리에 있던 사람들이 내가 남다른 지혜를 가졌다고 생각했기 때문입니다.

그러나 여러분, 사실 참된 현명함은 신만이 가질 수 있는 게 아닐까요? 또한 신이 신탁을 통해 말하고자 하는 것은 인간의 지혜가 아무 가치도 없다는 사실이 아닐까요? 신은 나를 가장 현명한 사람으로 지목했지만 사실 그것은 본보기로 이용한 것에 지나지 않는 것 같아 보입니다.

즉, "시민들이여, 너희들 가운데서 가장 지혜로운 사람은 소크라테스처럼 자신의 지혜가 실제로는 아무 가치도 없다는 것을 깨달은 사람이다"라고 말입니다.

그리하여 나는 지금도 신의 뜻에 따라 우리나라 사람이든 다른 나라 사람이든 지혜가 있는 사람이라고 생각되면 찾아다니며 관찰합니다. 지혜가 있다고 보이지 않을 경우에는, 신의 뜻을 따라 그가 현자가 아니라는 사실을 밝혀줍니다. 나는 이와 같은 일을 하느라 바쁜 나머지 나랏일이나 집안일을 전혀 돌볼 수 없게 되었으며, 오히려 이렇게 신의 뜻에 따라 사는 동안 지독하게 가난한 처지가 되었습니다.

더욱이 부유한 집안 출신에다가 시간도 많은 젊은이들이 누가 시킨 것도 아닌데 나를 따라다니면서 내가 사람들에게 묻고 따지는 것을 들으며 즐거워하고, 그들 스스로 종종 나를 흉내내어 다른 사람들에게 묻고 따졌습니다. 그 결과 이들은 뭔가를 아는 듯 보이지만 사실은 아는 것이 거의 없거나, 아예 전혀 모르는 사람이 많다는 것을 발견하게 되었습니다. 그런데 이들에게 캐물음을 당한 사람들은 이들이 아니라 나에게 분노를 분출했습니다.

"소크라테스는 정말 혐오스러운 사람이야. 젊은 청년들을 타락으로 이끌고 있단 말이야."

하지만 소크라테스가 무엇을 가르치고 무슨 짓을 했는가라는 질문을 받아도 그들은 아무 것도 알지 못하기에 아무런 대답도 할 수 없었습니다. 대신 그들은 당혹스러움을 면하고자 보통 철학자에게 가해지는 비난을 퍼부은 것입니다. 천상과 지하의 일에 대해 말을 한다느니, 신을 믿지 않는다느니, 허약한 주장을 강한 주장으로 바꾸어 준다느니 하고 말입니다.

이는 그들이 진실을 말하고 싶어하지 않기 때문이라고 생각합니다. 곧 그들은 아는 체하고 있지만 실제로는 아무 것도 모른다는 것을 인정하지 않으려는 것이었습니다. 그리고 그들은 명예를 탐하고 성격이 급한데다 수가 많기 때문에 오랫동안 나를 비난하는 말로 여러분의 귀를 채울 수 있었던 것입니다.

그런 배경 때문에 멜레토스와 아니토스와 리콘*도 나를 공격할 수 있었습니다. 멜레토스는 시인들을 대표하였으며, 아니토스는 장인들과 정치가들을 대표하고, 리콘은 변론가들을 대표하여 나를 미워하였던 것입니다. 따라서 내가 처음에 말씀드린 것과 같이, 지금처럼 이리저리 겹친 나에 대한 선입견이 짧은 시간 안에 없어질

* Lykōn. 웅변가이다. 소크라테스를 고발하는 데 모든 준비를 했다고 한다.

수 있다면 오히려 그것이 놀라울 것입니다.

아테네 시민 여러분, 이것은 하나의 거짓도 없는 사실입니다. 나는 여러분에게 어떤 일도 숨기지 않고 솔직하게 말씀드립니다. 물론 이처럼 솔직하기 때문에 더욱 미움을 산다는 것도 잘 알고 있습니다. 그렇지만 미움을 산다는 것 자체가 내가 진실하다는 증거이며, 또한 그러한 진실함이 나에 대한 중상의 원인이라는 분명한 증거입니다. 그리고 지금 혹은 차후에 여러분께서 이것을 조사해 보시면, 지금 말씀드린 것이 사실이라는 것을 알 수 있게 될 것입니다.

처음의 공소인들에 대한 변론은 이것으로 충분하다고 생각합니다.

두번째 변론을 펼치다

이제부터는 스스로를 선량한 애국자라고 말하는 멜레토스와 나의 두번째 공소인들로부터 나를 변호하고자 합니다. 이들을 전혀 다른 공소인으로 간주하기로 하고 그 공소장을 한번 살펴봅시다. 그것은 대강 이런 내용입니다.

소크라테스는 청년들을 타락시키고, 나라가 인정하는 신들을 부정하였을 뿐 아니라, 다른 신을 섬기기 때문에 죄인이다.

그러면 그 내용을 조목조목 살펴보기로 하겠습니다.

첫째로, 그들은 내가 청년들을 타락시킨다고 주장했습니다. 그렇지만 여러분, 나는 죄를 저지르는 것은 오히려 멜레토스라고 주장하지 않을 수 없습니다. 그는 전혀 관심을 가져본 적이 없는 일을 상당히 관심있는 척하면서 진심인지 장난인지 알 수 없는 상태로 시비를 걸고 있습니다. 나는 이 점을 밝혀낼 것입니다.

멜레토스! 이 앞으로 나와서 대답해주시오. 당신은 청년들이 훌륭해지는 것을 중요하게 생각하오?

― 그렇습니다.

그렇다면 누가 그들을 더욱 훌륭하게 만드는가를 말해주시오. 그것은 당신의 관심사이니 잘 알고 있을 것 아니오? 당신은 청년을 타락시키는 사람으로 나를 지목하여 이들 앞에 끌어내어 고소를 할 정도니 말이오. 자 그렇다면 청년들을 더 훌륭하게 만드는 사람이 누구인지 말해주시오. 그게 누구인지 이분들에게 밝혀주시오. 멜레토스! 당신이 아무런 말을 못하고 있다는 것을 알고 있소? 이것은 부끄러운 일일뿐더러, 내가 말한 것처럼 당신이 그런 일에 전혀 관심을 갖고 있지 않았다는 사실을 충분히 증명해준다고 생각지 않소? 아무튼 청년들을 더 훌륭하게 만드는 것은 무엇이오?

— 법률입니다.

내가 묻는 것은 그것이 아니오. 나는 법률을 아는 사람이 누구인가를 묻는 것이오.

— 소크라테스, 그것은 바로 여기 있는 배심원들입니다.

도대체 무슨 말을 하고 있는 것이오. 멜레토스? 이분들이 청년들을 훌륭하게 만들거나 교육할 수 있단 말이오?

— 그렇습니다.

여기 있는 배심원들 모두가 그렇단 말이오? 아니면 이분들 가운데 일부는 그럴 수 있고 일부는 그럴 수 없다는 것이오?

— 이분들 모두가 그렇습니다.

헤라 여신에게 맹세하건데 그것 참 반가운 말이오. 그럴 수 있는 사람들이 그렇게 많다니 말이오. 그러면 여기 방청객들도 청년들을 훌륭하게 만들 수 있소, 아니면 그렇지 않소?

— 그분들도 마찬가지입니다.

그렇다면 협의회 의원들*은 어떻소?

— 협의회 의원들도 마찬가지입니다.

그렇다면 멜레토스, 민회의 의원들**은 청년들을 타락시키지 않

---

* 아테네에서는 부족에 따라 10구로 나누고 1구에서 50명씩 500명을 뽑아 협의회를 구성하였다. 이들은 주로 국정을 운영했다.

** 20세 이상의 아테네인 남자들로 구성된 의결기관으로 전쟁 선포, 강화 등 나라의 중요 문제를 토의했다.

소? 아니면 이번에도 그분들 모두 청년들을 훌륭하게 만드시는 분들이오?

– 그분들도 그렇습니다.

그렇다면 나를 제외한 모든 아테네 사람들은 청년들을 훌륭하게 하며 나만이 그들을 타락시킨다는 것이오?

– 바로 그렇습니다.

어쨌든 당신이 보기에 나는 커다란 불운을 퍼뜨리는 사람이오. 그렇다면 대답해주시오. 말[馬]에 대해서도 그렇게 생각하시오? 세상의 모든 사람이 말을 훌륭한 상태로 만들지만 단 한 사람만이 말을 망쳐놓는다는 것이오? 하지만 사실은 말을 더 훌륭한 상태로 만드는 사람은 한 사람이거나 아주 소수에 불과하고 대다수의 사람들은 말을 잘못 다루며 오히려 말을 망쳐놓는 것 아니겠소?

멜레토스, 그리고 이건 말뿐 아니라 모든 동물의 경우에 대해서도 마찬가지 아니겠소? 당신이나 아니토스가 수긍하건 말건 상관없이 말이오.

오직 한 사람만이 청년들을 타락시키고 다른 모든 사람들은 청년을 이롭게 해준다면 청년들에겐 얼마나 다행한 일이겠소.

그러나 멜레토스, 당신은 청년들에 대해 전혀 관심이 기울인 적이 없다는 것을 충분히 밝혀주었소. 뿐만 아니라 당신은 자신이 법정으로까지 가지고 온 사안들에 대해서도 아무런 관심이 없다는 것을 분명히 보여주었소.

그렇지만, 멜레토스. 제우스 신의 이름으로 한마디 더 묻겠소. 선량한 시민들 사이에서 사는 것과 악한 시민들 사이에서 사는 것 중 어느 것이 더 좋소? 대답해주시오. 전혀 어려운 질문이 아니니까 말이오. 악한 사람들은 항상 주변 사람들에게 해로운 짓을 하지만, 선량한 사람들은 좋은 일을 하지 않겠소?

― 물론 그렇습니다.

한편 주변 사람에게서 혜택보다 해악을 바라는 사람이 있겠소? 어서 대답해주시오. 법률은 대답을 요구하고 있소. 도대체 해악을 받기 원하는 사람이 있겠소?

― 물론 있을 수 없습니다.

그렇다면 당신이 나를 이곳 법정으로 불러낸 것은 내가 청년들을 고의로 타락시킨 사람이기 때문이오, 아니면 본의 아니게 청년들을 타락시킨 사람이기 때문이오?

― 나는 당신이 고의로 그런 짓을 했기 때문에 고발한 것입니다.

그렇다면 도무지 이해가 가지 않소. 나와 당신은 상당한 나이 차이가 있지 않소? 그런데 나보다 훨씬 나이가 적은 당신도 악한 사람들은 주변 사람들에게 악행을 일삼지만 선량한 사람은 선행을 베푼다는 것을 알 정도의 지혜를 가지고 있는데, 나라는 사람은 내 주변의 사람을 악한으로 만들면 도리어 내가 해를 입게 되리라는 사실도 모를 정도로 무지해서 고의로 청년들을 타락시킨단 말이오?

멜레토스, 나는 당신의 말을 납득할 수 없소. 그것은 다른 사람도 마찬가지라고 생각하오. 논리적으로 보면 나는 청년들을 타락시키지 않거나 타락을 시키더라도 고의가 아니어야 하는데 그 어떤 경우든 당신은 거짓을 말하고 있는 것이오. 만약 내가 본의 아니게 남을 타락시킨다면 나를 법정으로 끌고 올 것이 아니라 개인적으로 잘못을 지적하고 일러주면 될 것이오. 내가 고의로 그런 것이 아니라면 더 이상 잘못을 저지르지 않았을 것 아니오. 하지만 당신은 그렇게 하는 대신 이곳 법정으로 나를 불러냈소. 법은 처벌을 받을 사람이 오는 곳이지 깨달음을 얻을 사람이 올 곳이 아니오.

아테네 시민 여러분, 멜레토스는 내가 말한 바와 같이 이런 일에 대하여 전혀 관심을 가진 적이 없습니다. 이것은 너무도 분명한 사실이기 때문에 더 이상은 언급하지 않기로 합시다. 그런데 한 가지 더 묻고 싶은 말이 있습니다.

멜레토스, 말해주시오. 내가 청년들을 어떻게 타락시킨다는 것이오? 당신은 공소장에서 내가 나라가 인정하는 신이 아닌 다이몬이란 신을 믿도록 가르친다고 했소. 당신 말은 내가 이런 가르침으로 청년들을 타락시킨다는 말이오?

– 그렇습니다. 바로 내가 말하고 싶은 바입니다.

그렇다면 멜레토스, 바로 지금 언급한 신의 이름에 맹세하고, 나와 여기 있는 사람들에게 좀 더 분명하게 말해주시오. 나는 당신이 어느 쪽 견해를 갖고 있는지 알 수가 없소. 내가 신을 믿도록 가르치기는 하지만 나라에서 인정하지 않는 신을 믿는다는 이유로 — 이 경우 나는 신의 존재를 믿는 것이고 따라서 무신론자가 아니오 — 당신은 나를 고발한 것이오, 아니면 내가 신의 존재 자체를 믿지 않을 뿐더러 이것을 남에게도 가르치기 때문에 고발한 것이오?

　　― 저는 당신이 전혀 신을 전혀 믿지 않는다는 것을 말하려는 것입니다.

　　멜레토스, 놀랍소. 어떻게 그런 말을 할 수가 있소? 다른 사람들과 달리 나는 해와 달이 신이 아니라고 믿는다는 말이오?

　　― 배심원 여러분, 바로 그렇습니다. 소크라테스는 해가 돌이고 달은 흙이라고 말했습니다.

　　멜레토스! 당신이 이 법정에 세운 사람은 아낙사고라스[*]가 아니오. 당신은 클레조메나이의 아낙사고라스의 책이 그런 주장으로 가득 차 있다는 것을 이곳에 모인 사람들이 모를 것이라고 생각하

----

[*] Anaxagoras, 자연철학자. 천체 현상을 고찰의 대상으로 삼고 그 원인을 자연적 원인에서 찾았다. 당시 신으로 섬겼던 해와 달이 단지 돌덩이에 지나지 않으며, 태양이 지구와 달 등 모든 천체를 밝게 만든다고 주장했다. 이로 인해 그는 무신론자라는 규탄을 받으며 아테네에서 추방되었다.

고 무시하려는 참이오? 그 책은 1드라크메만 주면 시장에서 얼마든 살 수 있는데 내가 그 책의 학설을 자신의 것인양 주장하더라도 사람들이 나에게 배움을 얻으려 했을 것이라고 생각하시오? 과연 그들이 내가 아무런 신도 믿지 않는다고 생각했을 것이란 말이오?

— 제우스에게 맹세하지만 당신은 신을 믿지 않습니다.

멜레토스, 나는 당신의 말을 믿을 수 없소. 그리고 당신 역시 스스로의 말을 믿지 않고 있소.

아테네 시민 여러분, 내가 보기엔 이 사람은 오만하고 무절제한 사람입니다. 또한 이 자가 행한 이 기소 역시 방자하고 무절제한 짓이라고 생각합니다. 이것은 마치 수수께끼를 풀어보라는 식으로 사람을 시험에 들게 하는 것과 같은 짓입니다.

"과연 현자라는 소크라테스가 나의 속임수를 알아챌까 아니면 내가 그와 청중들을 감쪽같이 속일 수 있을까"라고 말입니다. 이렇게 말하는 이유는, 이 사람이 공소장에서 앞뒤가 맞지 않는 말을 하고 있기 때문입니다. 말하자면, "소크라테스는 신들을 믿지 않으므로 죄를 범하고 있지만, 또한 신들을 믿고 있으므로 죄를 범하고 있다"라고 주장하는 격입니다.

그것은 사람을 가지고 장난을 치는 말일뿐입니다.

그러면 여러분, 어찌하여 이 사람의 말이 그처럼 모순적인 것인지를 밝혀보기로 하겠습니다. 먼저 멜레토스, 당신은 우리에게 대답해주길 바라는 바이오. 그리고 여러분께는 내가 처음에 말씀드린 대로 평소와 같은 방식으로 변론을 하더라도 소동을 일으키지 말아달라는 부탁을 드립니다.

멜레토스, 세상 사람들 중에 인간사(人間事)는 존재한다고 생각하면서 인간은 존재하지 않는다고 믿는 사람이 있겠소? 여러분, 멜레토스가 대답하도록 해주십시오. 또한 소란을 일으키지 말고 자중해주십시오. 말[馬]의 존재는 믿지 않으면서 말에 관한 일은 존재한다고 믿는 사람이 있겠소? 아울로스* 연주자들의 존재는 믿지 않으면서 아울로스와 관련된 것의 존재를 믿는 사람이 있겠소? 그런 사람은 없소. 당신이 대답하지 않으므로 내가 대신하여 대답하였소. 하지만 적어도 다음 질문에 대해서는 스스로 대답하시오. 다이몬과 관련된 일이 존재한다고 믿으면서 다이몬의 존재는 믿지 않는 사람이 있을 수 있겠소?

― 없습니다.

여기에 모여 있는 많은 사람들 덕분에 마지못해서 대답을 했겠지만, 어쨌든 대답을 해주어 기쁘오. 그런데 당신은 내가 다이몬을 믿으며 가르친다고 주장했소. 이것은 당신이 선서진술서에서도 맹세한 바이오. 그러나 내가 다이몬에 대한 것을 가르친다면, 다이몬

---

* 고대 그리스의 피리 모양의 관악기.

을 믿는 것도 필연적인 것이오. 그렇지 않소?

당신이 대답을 하지 않으니 나는 동의한 것으로 알겠소. 그런데 우리는 다이몬을 신, 혹은 신의 아들이라고 믿고 있지 않소? 그렇소, 그렇지 않소?

– 물론 그렇습니다.

그렇다면 당신이 주장하고 있듯이, 나는 다이몬을 믿으며, 다이몬이 신의 하나라면, 앞서 내가 말했듯이 당신은 수수께끼를 내며 사람을 가지고 장난을 치고 있다는 결과가 되는 것이오. 당신은 내가 신을 믿지 않는다고 했지만 나는 신의 하나인 다이몬을 믿고 있으니 말이오.

또한 다이몬들이 요정에게서 태어났건 아니면 다른 여성에게서 태어났건 신의 사생아라면 신의 자식은 존재하는 것으로 믿으면서 신의 존재는 믿지 않는단 말이오? 그것은 마치 말과 당나귀의 새끼인 노새의 존재는 믿으면서 말과 당나귀의 존재는 믿지 않으려는 것이나 마찬가지 아니겠소?

멜레토스, 당신이 이런 공소장을 쓴 것이 나와 이곳의 사람들을 시험해보기 위해서가 아니라면, 나를 고발할 죄목을 찾지 못해 조작한 것이 분명하오.

하지만 동일한 사람이 신과 다이몬을 동시에 믿을 수 있고, 또 동일한 사람이 다이몬과 신과 반신반인도 믿는 법인데, 그러한 사람에게 다이몬도, 신도, 반신반인도 믿지 않게끔 납득시킬 수는 없소. 그 사람이 조금이라도 지성을 가졌다면 말이오.

두번째 변론을 마치며

아테네 시민 여러분, 멜레토스의 공소장에 나와 있는 것과 관련되어서 더 이상의 변론은 불필요한 것 같고 그래서 저의 변론은 이로써 마쳐도 충분하다고 생각합니다. 그렇지만 앞에서도 말씀드렸듯이, 많은 사람들이 나를 적대시하고 있다는 것을 여러분은 아셔야 합니다. 만약 나에게 유죄가 선고된다면, 바로 그 때문일 것입니다. 동일한 이유로 인해 많은 선량한 사람들에게 유죄가 선고되었으며 그것은 앞으로도 마찬가지일 것입니다. 그렇기 때문에 나에게 그런 일이 생겨나지 않기를 바라는 마음 때문에 초초해 할 필요는 전혀 없는 것입니다. 어쩌면 이렇게 말하는 분들이 있을지도 모릅니다.

"소크라테스, 그렇다면 당신은 그런 일을 해오다가 지금처럼 죽을 수도 있는 상태에 처하게 된 것을 부끄럽게 생각하지 않소?"

그러나 나는 그에 대해 다음과 같이 대답할 것입니다.

"그것은 옳지 못한 생각입니다. 조금이라도 유용한 사람이라면 사느냐 죽느냐의 위험을 고려하지 말고 자신의 행위가 올바른가 올바르지 않은가를 생각해야 합니다. 당신의 견해를 따르면, 트로이에서 전사한 수많은 반신반인(半神半人)들은 보잘 것 없는 존재일 것입니다."

수치를 참기보다는 위험을 무릅쓴 테티스의 아들 아킬레우스 또한 마찬가지일 것입니다. 헥토르에게 원수를 갚겠다고 열을 올리고 있던 그에게 여신인 어머니 테티스가 말했습니다.

"아들아, 만일 네가 친구인 파트로클로스의 원수를 갚기 위해 헥토르를 죽이면 너도 죽게 될 것이다. 죽음의 운명은 헥토르 다음에는 너를 기다리고 있기 때문이다."

이 말을 들은 아킬레우스는 죽음이나 위험을 두려워하지 않고, 오히려 친구의 원수를 갚지 못하고 비겁하게 살아남게 되지 않을까를 염려하였습니다.

"악한 짓을 한 자에게 벌을 내리고 곧바로 죽으렵니다. 웃음거리로 남고 싶지 않습니다"라고 말하면서 말입니다.[*]

아테네 시민 여러분, 나는 포테이다이아, 암피폴리스, 그리고

---

[*] 트로이 전쟁을 배경으로 한 호메로스의 『일리아스』에서 헥토르에 의해 자신의 친구인 파트로클로스가 죽자 아킬레우스는 분노하며 죽음을 두려워하지 않고 반드시 복수할 것을 다짐하는 부분이다.

델리온*에서 당신들이 선출한 사령관이 명한 위치를 죽음을 무릅쓰고 사수한 바 있습니다. 이번에도 나는 신이 명한 바대로 지혜를 사랑하며(철학하며) 나 자신이나 남들에 대해 묻는 일을 게을리하지 않고 살아갈 것입니다. 내가 죽음이나 그 밖의 위험이 두려워 자신의 위치를 버린다면 그것은 용서받지 못할 일이 될 것입니다. 바로 그런 경우에 신탁을 받아들이지 않고 신의 존재를 믿지 않는다는 죄목으로 나를 법정에 세우는 게 지극히도 정당해질 것입니다.

죽음을 두려워하는 것은 지혜가 없으면서도 있다고 생각하기 때문에 생겨나는 일입니다. 곧 자신이 알지 못하는 것을 안다고 생각하기 때문입니다. 죽음에 대해서 아는 사람은 아무도 없습니다. 어쩌면 죽음은 좋은 것 중에서도 최고의 것인지도 모릅니다. 하지만 사람들은 죽음에 대해 전혀 모르면서도 나쁜 것 중에서도 최악의 것이라고 생각하고 두려워 합니다. 이것이야말로 알지도 못하면서 안다고 생각하는, 비난받아야 마땅한 무지가 아닐까요?

하지만 여러분, 나는 이 점에서 다른 사람들과는 상당히 다릅니다. 적어도 내가 다른 사람들보다 지혜로운 것은, 제대로 알지 못하는 저승에 대해 솔직히 모른다고 생각한다는 점일 것입니다. 적

---

* 이 세 곳은 소크라테스가 출정한 곳이다. 포테이다이아는 37세 경, 암피폴리스에 출정한 것은 47세 경, 델리온에 출정한 것은 45세 경이었다.

어도 나는 올바르지 못한 일을 하는 것과, 신이거나 사람이거나 자기보다 훌륭한 존재에게 복종하지 않는 것이 나쁘고 수치스러운 일이라는 점은 알고 있습니다. 그러므로 세상에는 나쁘다고 알려져 있지만 좋은 것일 수 있는, 제가 모르는 것들을 두려워하거나 회피하지 않을 것입니다.

따라서 여러분이 아니토스의 말을 믿지 않고 나를 이 재판에서 무죄로 방면시키더라도 그것을 받아들이지 않을 것입니다. 아니토스는 내가 일단 이리로 끌려온 이상 사형에 처해지지 않으면 안 된다고 말했습니다. 내가 방면되면 여러분의 자식들이 나의 말을 실천함으로써 완전한 타락에 이르게 되리라는 것입니다. 어쩌면 여러분은 그러한 마음을 먹은 나에게 다음과 같이 말할 수 있을 것입니다.

"소크라테스, 우리는 아니토스의 말을 따르지 않고 당신을 무죄로 방면하겠소. 대신 한 가지 조건을 달겠소. 더 이상 철학을 하지 마시오. 만약 철학을 하는 것이 발각되면 사형에 처하겠소."

만약 그런 조건에서 나를 방면한다면 나는 다음과 같이 말할 것입니다.

"아테네 시민 여러분, 나는 여러분을 존경하고 사랑하지만 여러분보다는 신에게 복종할 것입니다. 내가 살아 있는 한에서는 철학을 할 것이며 여러분에게 충고를 하고 나의 생각을 밝히는 일을 그만두지 않을 것입니다. 내가 늘 해오던 대로 말입니다."

그리고는 "세상에서 가장 위대하며 그 지혜와 힘에 있어 최고인 아테네의 시민 여러분, 재물은 최대한으로 모으려 하고 명성과 지위는 얻으려 하지만, 사리분별과 진리 그리고 훌륭한 영혼을 갖추는 것에는 관심을 갖지 않는 것은 부끄럽지도 않습니까?"라고 말할 것입니다.

그리고 만약 여러분 중에서 자신은 그런 일에 관심을 가지고 있다고 주장하면서 나에게 반박한다면 저는 그를 방치하지 않고 계속해서 캐물을 것입니다.

그리고 덕*을 가지고 있지 않으면서 마치 가지고 있는 듯이 가장하는 사람에게는 소중한 것을 소홀히 하면서도 하찮은 것을 중요시한다고 나무랄 것입니다. 나이가 적든 많든 다른 나라의 사람이든 같은 나라의 사람이든 모든 사람에게 그렇게 할 것이지만, 특히 혈연으로 연결된, 내가 속한 나라의 시민에게는 더욱 그렇게 할 것입니다. 그렇게 행동을 취하는 것은 그것이 신의 명령이기 때문입니다. 여러분을 위해 신에게 봉사하는 일보다 좋은 선은 나에게 없었습니다. 내가 돌아다니면서 하는 일은 여러분이 나이가 적든 많든 영혼이 훌륭한 상태가 되도록 정성을 기울이고, 영혼보다 육체나

---

* aretē, 아레테. 그리스 인은 어떤 사물이 고유한 목적을 수행하는 데 필요한 탁월성을 aretē라고 했으며, 윤리적인 덕은 의지의 aretē를 의미하는 것이다.

재물에 마음을 쓰는 일이 없도록 설득하는 일입니다.

"덕은 재물로부터 생기는 것이 아니며, 사람이 가진 덕을 통해 재물을 비롯한 모든 것이 사적이나 공적으로 이로움을 가져다 주는 것입니다"라고 말입니다.

만일 이러한 나의 말이 청년들을 타락시킨다면 그것은 내 잘못이겠지만, 나의 말이 이와 전혀 달랐다고 주장하는 사람이 있다면 그것은 완벽한 거짓말입니다.

아테네 시민 여러분, 아니토스의 말을 따르든 말든 그것은 여러분의 자유입니다. 나를 방면하든 사형에 처하든 그것은 여러분의 판단에 달렸습니다. 하지만 나의 생각은 변하지 않을 것입니다. 몇 번이나 죽임을 당하더라도 그런 일은 없을 것입니다.

나는 신이 내린 선물이다

아테네 시민 여러분, 앞서 말씀드린대로 평정을 유지해주십시오. 소란을 일으키지 말고 조용히 나의 이야기를 들어주십시오. 그 편이 여러분에게도 이로울 것입니다. 이제부터 여러분께 몇 가지 말씀을 드릴 것인데 아마도 여러분이 고함을 치지 않을까 생각합니다. 하지만 부탁하건데 그런 일은 삼가해주시기 바랍니다.

여러분이 만일 나를 사형에 처해 죽인다면 그것은 나를 해치는 것이 아니라 여러분 스스로를 해치는 일이 될 것입니다. 멜레토스나 아니토스는 저를 전혀 해치지 못할 것입니다. 그들은 그런 일을 할 능력이 없습니다. 왜냐하면 보다 나은 사람이 보다 못한 사람으로부터 해를 입는 일은 있을 수 없다고 생각하기 때문입니다. 물론 사형에 처하거나 추방당하거나 시민권을 박탈하는 일은 가능할 것입니다. 이와 같은 일에 대해서는 이들뿐 아니라 다른 사람들도 대단히 나쁜 짓으로 생각할 것 같지만 나는 그렇게 생각하지 않습니다. 나는 이들이 지금 저지르려는 일, 즉 사람을 올바르지 못하게 사형에 처하는 것이 훨씬 나쁜 짓이라고 생각합니다.

아테네 시민 여러분, 지금 내가 변호하는 것은 나 자신을 위한 것이 아니라 여러분을 위한 것입니다. 여러분이 나를 사형에 처함으로써 신이 여러분에게 내린 선물에 무엇인가 잘못을 저지르는 일이 없기를 바라는 마음입니다. 여러분이 나를 사형에 처하면 나와 같은 사람은 다시 찾아내기 쉽지 않을 것이기 때문입니다.

조금 우스꽝스러운 표현이긴 하지만, 혈통은 좋지만 덩치가 큰 나머지 행동이 굼뜬 말[馬]에는 박차가 필요하듯, 신은 국가라는 말에 필요한 박차로써 나를 이곳으로 보낸 것 같다는 생각이 듭니다. 하루 종일 여러분을 일깨우고 설득하고 캐묻기를 그치지 않는 사람으로서 말입니다. 따라서 나와 같은 사람을 다시금 찾아내기란 정말 힘든 일이 될 것입니다.

여러분은 내가 하는 말에 수긍하고 나를 아끼기보다는 마치 잠을 깨워 성가셔진 사람처럼 아니토스의 말을 믿고 쉽게 나를 사형에 처할 것입니다. 그럼으로써 여러분은 신이 또 다른 사람을 보내 귀찮게 하지 않는다면 잠에서 깨워지는 일 없이 남은 생을 편하게 보낼 수 있을 것입니다. 하지만 내가 신께서 이 나라에 선사한 사람이라는 것은 다음과 같은 사실을 통해 밝혀질 것입니다.

나는 오랜 세월 동안 스스로는 물론 집안도 돌보지 않고 늘 여러분을 일일이 방문하며 아버지나 형처럼 여러분이 덕을 쌓도록 장려해왔습니다. 이것이 인간이 할 수 있는 일로 이해되지 않았는가 봅니다. 차라리 그 일을 하면서 이득을 취하거나 보수를 받았다면 이해가 되었겠지만, 내가 그 누구로부터 보수를 받거나 요구했다는 증인을 제시하는 짓은 차마 그들도 하지 못했습니다. 하지만 나는 그 점을 충분히 증명할 수 있습니다. 바로 나의 가난이 그 증거입니다.

그런데 내가 개인적으로는 여러 사람들에게 조언하고 관여하지만 대중집회에 등장하는 것을 거부하는 이유를 궁금하게 여기리라고 생각합니다. 그 이유는 아마 여러분도 여러 번 들어본 적이 있으실 듯 한데, 바로 다이몬이 나에게 나타난다는 것입니다. 이

점에 관련해서는 멜레토스도 공소장에서 조롱하듯 기재한 바 있습니다.

실제로 나에게는 어린 시절부터 그러한 일들이 어떤 음성을 통해 일어나곤 했습니다. 그런데 그 목소리는 언제나 내가 하고자 하는 일을 못하게끔 부정해버리는 것이었으며 긍정적으로 무엇인가를 하게끔 권하는 것이 아니었습니다. 바로 그 목소리가 내가 정치를 못하도록 막았으며 지금에 와서 보면 그것은 아주 잘된 일이라고 생각합니다.

아테네 시민 여러분, 만일 내가 오래 전에 정치를 하려고 했다면 이미 죽임을 당했을 것이며 그것이 나 자신이나 여러분에게도 전혀 이로운 일이 아니라는 점은 여러분도 아실 것이라 생각합니다. 지금처럼 내가 진실을 말하고 있을 때 저에게 화를 내지 마십시오. 여러분에 대해서만이 아니라 어떤 대중을 상대하더라도 그들에 반대하여 올바르지 못한 일이나 법에 어긋나는 일을 막으려는 사람치고 무사할 사람은 없습니다. 올바른 것을 위해 살면서도 목숨을 잠시라도 부지하려면 공인(公人)이 되어서는 안 되고 반드시 사인(私人)이 되어야 합니다.

이 점에 대해서 나는 확고한 증거들을 제시하고자 합니다. 단지 지어낸 말로써가 아니라 여러분 스스로가 존중하는 사실들을 통해서 말입니다. 자, 그러면 나에게 일어났던 일들을 들어보십시오.

내가 죽음이 두려워 올바른 것을 양보하고 누군가에게 머리를 숙이는 일은 없으리라는 것, 그로 인해 곧바로 사형에 처해지더라도 절대 그렇게 하지 않으리라는 것을 여러분은 아시게 될 것입니다. 여러분에게 지금부터 들려주려는 이야기는 법정에서 흔히 발생하는 변론이지만 이것은 실제로 발생했던 이야기입니다.

아테네 시민 여러분, 나는 지금까지 한번도 관직을 맡아본 적이 없습니다. 다만 협의회의 의원이 되어본 적이 있을 뿐입니다. 안티오키스 부족이 협의회의 업무를 맡을 당시 우리는 해전*의 생존자들을 구하지 못한 죄목으로 10명의 장군들을 법정에 세우기로 의결한 적이 있습니다. 그러나 그 의결은 나중에 우리 모두가 인정했듯이 불법적인 것이었습니다. 당시 협의회 의원 중 나만이 그것이 불법임을 주장하였으며 실제로 그것을 반대하는 편에 표를 던졌습니다. 그러자 민회의 연설가들은 나를 고발하고 체포하려고 했습니다. 여러분 역시 그들을 지지하여 고함을 질러댔습니다. 하지만 나는 구금이나 사형이 두려워 올바르지 못한 결정을 내린 여러분의 편이 되기보다는 위험을 무릅쓰고 법과 올바른 것의 편이 되어야

---

* 소아시아의 해안 가까이에 있는 아르기누사이 섬에서 일어났던 펠로폰네소스 전쟁 말기의 해전을 말한다. 당시 지휘관들은 전투 후 침몰선의 승무원들이 나뭇조각을 붙잡고 표류하는 것을 구조하고 전사자의 시체를 수용하려고 했으나 폭풍때문에 그렇게 하지 못했다. 이에 장군 10명이 문책을 당하게 되는데, 이때 배심원들은 1명씩 재판에 회부하도록 규정한 법률을 어기고 전원을 집단적으로 재판하고 유죄를 선고했다.

한다고 생각했습니다.

이 일은 우리나라가 민주정일 때 발생한 일이었습니다. 하지만 과두제*가 수립되자 이번에는 30명의 혁명위원이 나를 원형건물**로 다른 네 사람과 함께 소환하여 살라미스 사람인 레온***을 데려와 사형에 처할 것을 명했습니다.

그들은 다른 사람들에게도 이와 유사한 일들을 무수히 명령했는데, 이것은 될 수 있는 한 많은 사람들을 비행(非行)에 연루시키려는 심산에서였습니다. 하지만 그때에도 나는 죽음 따위에는 관심이 없으며, 진정한 관심은 올바르지 않은 일을 행하지 않는 것에 있다는 것을 말로써가 아니라 행동으로 보여주었습니다. 실제로 그들 30인 정권은 강력했지만 나를 위협하여 올바르지 못한 일을 하게끔 만들지는 못했던 것입니다.

우리가 원형건물에서 나오자 나를 제외한 다른 네 사람은 살라미스로 가서 레온을 연행해 왔지만, 나는 곧장 집으로 돌아갔습니다. 만일 그 정권이 곧 무너지지 않았더라면, 나는 그 일 때문에 사형을 받게 되었을 것입니다. 이 사건에 대해서는 많은 증인들이 존

---

* 기원전 404년 아테네가 스파르타에 패배한 후, 스파르타의 후원 하에 집권한 크리티아스 등의 독재 정치를 말한다. 8개월만에 공포정치를 펼치던 30명의 과두정치는 끝이난다.
** 지붕이 둥근 건물로 집행부 사람들이 집무와 식사를 하던 곳이다.
*** 독재 정치 밑에서 죄없이 처형된 사람.

재합니다.

그러니, 만약 내가 공인으로서 관직에 종사하면서도 동시에 선량한 사람으로 살고자 하여, 올바른 것을 지향하면서 마땅하게도 그것을 중시했다면 내가 이처럼 오랫동안 무사하게 살아남을 수 있었겠습니까?

아테네 시민 여러분, 그것은 있을 수 없는 일입니다. 누구라도 그런 상황에서는 살아남을 수 없었을 것입니다. 어쨌든 나는 내 생애를 통하여 공적인 일을 하든 사적인 일을 하든 한결같은 사람이라는 것을 충분히 보여주었다고 생각합니다. 즉 나는 정의에 어긋나는 일에 대해서는 어떤 경우든 동의하지 않았습니다. 그들이 내가 전혀 모르는 사람이든 나를 스승이라고 생각하는 사람이든 차등이 없이 적용되는 것입니다.

사실상 나는 한번도 누군가의 스승이 되어본 적이 없지만, 나이가 적건 많건 내가 나의 일이라고 생각하는 일로 이야기를 듣고 싶어할 경우에는 한번도 거절한 적이 없습니다. 나는 돈을 받아야 대화를 하고, 받지 않으면 대화하지 않는 적도 없으며 부자와 가난한 자를 차등이 없이 대했습니다. 나의 말을 듣고자 하는 사람이라면 말입니다. 하지만 이들이 선량한 사람이 되고 안 되고는 나의 책임이 아니므로 나는 이들에게 아무런 약속도 한 적이 없으며 무엇인가를 가르쳐 준 적도 없습니다. 그런데도 혹시 누군가가 나로부터 무엇인가를 독점적으로 배우거나 들었다고 주장한다면 그것은 사실이 아니라는 것을 아셔야 합니다.

그렇다면 어찌하여 어떤 부류의 사람들은 나와 이야기하기를 좋아하고 오랜 시간을 함께 보내며 즐거워 할까요?

아테네 시민 여러분, 여러분은 이미 그 이유를 저에게서 들으셨습니다. 나는 이미 진실을 말했습니다. 그것은 스스로는 현명하다고 생각하지만 실제로는 그렇지 못한 사람들을 내가 캐묻는 걸 보는 게 즐겁기 때문입니다. 분명 그것은 재미없는 장면은 아닐 것입니다. 그렇지만 나의 입장에서 생각하면 그것은 이미 말씀드린 바와 같이 신으로부터 명령받은 일입니다. 신탁이나 꿈 등 가능한 여러가지 방법의 신의 섭리를 통해서 저는 그런 명령을 받았습니다. 아네테 시민 여러분, 이것은 부인할 수 없는 사실이며, 또한 쉽게 확인할 수 있는 것입니다.

만일 내가 청년들의 일부를 타락시켰다면, 그들 중에는 벌써 장년이 되어 젊었을 때부터 받은 조언이 나쁜 것이었다는 점을 깨닫고 법정에서 나를 고발하고 보복하려는 사람이 있을 것이기 때문입니다. 그들 스스로가 나서지 않는 경우라 하더라도 아버지나 형제, 그리고 친척 같은 사람들이 나로 인해 입은 해를 주지시키고 보복하려 했을 것입니다.

이 자리에는 나에 대해 그런 태도를 취할 수도 있는 분들이 많이 나와 계십니다. 우선 나와 동갑이며 같은 부락민인 크리톤*이 나와 있습니다. 그는 여기 있는 크리토불로스**의 아버지입니다. 다음으로는 스페토스의 부락민으로 여기 같이 나와 있는 아이스키네스***의 아버지인 리사니아스가 나와 계십니다. 그리고 저기에는 캐피시아의 부락민인 안티폰이 있군요. 저 분은 에피게네스의 아버지입니다.

그 밖에도 내가 그 형제와 대화를 나눈 사람들이 와 있습니다. 테오조티도스의 아들이자 테오도토스의 형인 니코스트라토스도 나와 있군요. 테오도토스는 이미 죽었으므로 형에게 고발하지 말라고 부탁할 수도 없을 것입니다. 그리고 이쪽에는 데모도코스의 아들이며 테아게스의 형제인 파랄리오스가 와 있습니다. 그리고 이쪽에는 아리스톤의 아들이요, 플라톤의 형제인 아데이만토스****가 있습니다. 그 밖에 아폴로도로스의 형제인 아이안토도로스도 와 있습니다.

이 밖에도 나는 많은 사람들을 여러분에게 앞세울 수 있는데, 멜레토스는 이 사람들 중 몇 사람을 증인으로 내세웠어야 했습니다.

---

* Krito, 소크라테스의 충실한 벗이자, 대화편 「크리톤」에서 소크라테스에게 탈옥을 권한다.

** Kritoboulos, 크리톤의 아들로, 소크라테스를 존경하며 그의 임종을 지켜본 이들 중 한 명이다.

*** Aeschines Socraticus, 소크라테스의 열렬한 추종자로, 여러 편의 소크라테스 대화록을 썼다고도 하나 오늘날까지 전해지고 있는 것은 단편적인 것뿐이다.

**** Adeimantos, 플라톤의 큰 형으로 플라톤의 「국가」에서도 등장한다.

만일 잊고 있었다면 지금이라도 내세워도 좋고, 만약 그렇게 한다면 나는 발언권을 양보하겠습니다. 만일 그런 것이 있다면 말하게 해주십시오.

그렇지만 여러분, 여러분은 정반대의 사실을 보게 될 것입니다. 이들은 모두 나를 도와 주려고 온 것입니다. 멜레토스와 아니토스에 따른다면, 가족들이 나 때문에 해를 입고 타락하게 된 사람들일 텐데 말입니다. 타락한 당사자들이라면 나를 도우려 할 수 있겠지만 그 같은 타락과는 거리가 먼, 나이든 친척들이 나를 도우려 한다면 거기에는 어떤 까닭이 있지 않겠습니까? 그것은 바로 멜레토스가 거짓을 말하는 데 반해, 나는 진실을 말한다는 것을 그들이 알기 때문이 아니겠습니까?

그렇다면 여러분, 변론은 이 정도로 그치기로 하겠습니다. 더 이상 늘어놓는다고 해도 대동소이한 말이 될 것이기 때문입니다.

무죄 판결을 기다리지 않는 소크라테스

그런데 여러분 가운데서는 이 소송을 자기 자신의 경우와 비교하여 기분이 나빠지는 분이 계실지도 모르겠습니다. 이보다 사소한 소송으로 법정에서 다툼을 할 적에도 최대한의 동정을 얻기 위해 친척과 친구들을 데리고 와서 눈물을 흘리고 애원하는 게 보통인데, 그들이 보기에는 최악의 곤경에 빠져 있는 나는 그런 일을 전혀 하지 않기 때문입니다.

그래서 오히려 그런 생각이 나에 대해 훨씬 완강한 태도를 만들어 내어, 홧김에 유죄투표를 할 수도 있다고 생각합니다. 나는 그럴 분이 없다고 생각하지만 여러분 중에 정말로 그런 심정인 분들이 계시다면 이렇게 말씀드리고 싶군요.

"여러분, 나에게도 몇 사람의 가족이 있습니다. 호메로스의 글처럼 내가 참나무나 돌이 아니라 사람에게서 태어났기 때문입니다. 아테네 시민 여러분, 나에겐 친척도 있고 아들은 셋*이나 됩니다. 첫째는 이미 청년이 되었지만 둘은 아직 어린아이입니다. 그러나 나는 그중 누구라도 이곳으로 데려와서 여러분에게 무죄투표를 해달라고 애원할 생각은 없습니다."

도대체 나는 왜 그런 일을 결코 하지 않으려는 것일까요? 아테네 시민 여러분, 그것은 내가 고집이 세기 때문도, 여러분을 경멸하기 때문도 아닙니다. 또한 이것은 내가 죽음을 얼마나 담대하게 맞이하는가 하는 문제와도 거리가 멉니다. 다만 명성을 고려한다

---

* 첫째 람프로크레스, 둘째 소프로니코스, 셋째 메네크세노스이다.

면, 나를 위해서나 여러분을 위해서나, 그리고 나라 전체를 위해서도 이 나이에 이 이름을 가지고 있는 내가 그런 일을 하는 것이 좋다고 볼 수는 없다는 생각입니다.

어쨌든 많은 사람들이 소크라테스는 다른 사람들하고는 다르다는 이야기를 합니다. 지혜건 용기건 그 훌륭함에 있어 남다른 사람이 그와 같은 짓을 하는 것은 부끄러운 일입니다.

나는 이제껏 뭔가 대단한 인물로 여겨지던 사람들이 정작 재판을 받으면 어처구니 없이 놀랄만한 일을 하는 것을 여러 차례 봐왔습니다. 이들은 사형에 처해지는 것이 무서운 일이라고 생각합니다. 마치 사형에 처해지지 않기만 한다면 영원히 살기라도 할 것처럼 말입니다. 나는 이런 사람들이 나라에 수치스런 존재라고 생각합니다. 외국 사람 중에는, 남다른 덕을 가진 덕분에 관직을 비롯한 명예로운 자리에 오른 아테네 사람들도 사실은 아낙네와 다를 바가 없다고 생각하는 사람들도 있을 것입니다.

아테네 시민 여러분, 그러므로 여러분이 조금이라도 명성있는 시민이라면, 그런 일을 해서는 안 되고 또 그런 행위를 용인해서도 안됩니다. 오히려 여러분은 태연하게 재판을 받지 않고 애처로운 행동으로 나라를 웃음거리로 만드는 사람이 더더욱 유죄판결을 받게 되리라는 점을 명백히 해주어야 합니다.

아테네 시민 여러분, 그것은 명성의 문제와는 별도로 배심원에게 애원하여 무죄 방면을 얻어내는 것이 결코 올바르지 않기 때문입니다. 오히려 이 점에 대해 가르치고 설득하는 것이 옳다고 생각합니다. 왜냐하면 배심원들은 올바른 것으로 선심을 쓰기 위해서가 아니라 올바른 것을 결정하기 위해서 그 자리에 앉아 있기 때문입니다. 그들은 자신에게 가까운 사람들에게 호의를 베풀지 않고 법률에 따라 재판할 것을 서약했습니다. 그러므로 여러분께서는 배심원들이 서약을 깨뜨리는 습관을 갖게 해서는 안되고 여러분 스스로도 그런 습관에 젖어서는 안됩니다. 그 경우 우리 중 누구도 신을 공경하는 마음을 갖지 않게 될 것이기 때문입니다.

아테네 시민 여러분, 그러므로 내가 아름답지도 않고 옳지도 않으며 경건하지도 않은 행동을 해야 한다고 강요하지 마십시오. 더욱이 나를 고발한 사람이 멜레토스니 말입니다. 만일 내가 서약을 한 여러분에게 설득이나 애원을 하게 되면 나는 여러분에게 신의 존재를 믿지 말라고 가르치는 것과 다름없게 됩니다. 내가 변론을 하면 결국 신을 믿지 않는다고 스스로를 고발하는 것이기 때문입니다. 그러니 그런 일은 있을 수 없습니다. 왜냐하면 나는 신을 믿고 있기 때문입니다.

아테네 시민 여러분, 나는 나를 고발한 사람들 중 누구도 미치지 못할 정도로 신을 믿고 있습니다. 나를 위해서나 여러분을 위해서 가장 좋은 판결이 내려지도록 여러분과 신에게 맡깁니다.

2. 유죄판결을 받다

아테네 시민 여러분, 여러분은 나에게 유죄판결을 내렸지만 이 결과에 대해 분노하지 않습니다. 거기엔 여러 가지 이유가 있지만, 내가 이와 같은 결과를 미리 예측했음에도 불구하고 투표의 수가 예상과는 다른 것이 가장 큰 이유입니다. 나는 그 차이가 이렇게 적지 않고 훨씬 클 것이라고 생각했습니다. 반대표가 단지 30표만 더 나왔더라면 나는 무죄가 되었을 것입니다. 적어도 멜레토스에 대해서는 내가 무죄로 판명난 것 같습니다. 아니토스와 리콘이 나를 고발하지만 않았어도 멜레토스는 총 투표수의 5분의 1도 얻지 못하고 천 드라크에의 벌금을 물어야 했을 것입니다.* 어쨌든 이것은 명백한 사실입니다.

어쨌든 이 사람은 저에 대해 사형을 선고해야 한다고 주장하고 있습니다. 그렇다면 아테네 시민 여러분, 저는 그 주장에 반대해 어떤 형벌이 적절한 것이라고 주장해야 할까요?**

---

* 고발자가 투표수의 5분의 1을 획득하지 못하면 천 드라크에의 벌금을 물도록 법에 규정되어 있었다. 때로는 시민권을 박탈하거나 했는데, 이는 경솔한 소송을 방지하기 위한 것이었다.

** 아테네의 재판에서는 유죄 선고 후 원고와 피고는 형량을 제안할 수 있었다. 당시 범죄에

물론 그것은 적절한 형벌이어야 할 것입니다. 과연 그것은 어떤 것일까요? 직접 몸으로 형벌을 받아야 할까요, 아니면 벌금을 내야 할까요? 나는 대부분의 사람들처럼 돈벌이를 하거나, 집안일을 꾸리거나, 장군의 직책을 맡거나, 대중연설을 하거나, 관직을 맡거나, 정치적인 결사를 맺거나, 당파에 관여하는 등의 일에는 무관심했습니다. 그러한 일들에 끼어들기에는 나 자신이 너무나 똑바른 사람이라고 생각하여 그런 일에 끼어들어 봤자 나 자신이나 여러분에게 아무런 득이 되지 않을 것이라고 생각했습니다.

대신 여러분 개개인을 내가 생각하는 입장에 따라 최대한 훌륭하고 지혜롭게 만들고자 했습니다. 곧 사람들이 그 자신에 대해서 생각해 보기 전에는 그 자신이 소유한 것들에 대해 먼저 생각하지 않도록, 나라에 대해서 생각하기에 앞서 나라의 이러저러한 일들에 대해 먼저 마음을 쓰지 않도록, 또한 그 밖의 다른 것들에 대해서도 동일한 입장을 갖도록 설득했습니다. 그러한 내가 어떤 형벌을 받아야 마땅하겠습니까?

아테네 시민 여러분, 제대로 된 형을 제의한다면 그것은 좋은 것이어야 합니다. 그렇다면 나 같은 가난한 은자에게, 여러분에게 줄 충고를 준비하기 위해 자유로운 시간이 필요한 사람에게는 무엇이

대해서 법률에 명확한 규정이 없었기 때문에 법정이 형량을 자유롭게 결정할 수 있었다.

적당한 형벌일까요?

아테네 시민 여러분, 그런 사람은 프리타네이온*에서 식사대접을 받는 것이 가장 적절합니다. 그것은 올림피아 경기에서 두필이나 네필의 말이 끄는 전차 경주에서 우승한 사람에게 부여되는 접대보다 훨씬 적절합니다. 왜냐하면 그들은 여러분을 행복해 보이게 만들어 줄 뿐이지만 나는 여러분을 실제로 행복한 사람으로 만들어 주기 때문입니다. 또한 그들은 부양을 받을 필요가 없지만 나는 부양이 필요하기 때문입니다. 만일 내가 적절한 형량을 제의한다면 프리타네이온에서의 접대를 제안하는 바입니다.

여러분은 어쩌면 내가 이런 말을 하기 때문에, 아까 탄원에 대해 말했을 때처럼, 나를 고집불통이라고 생각할지도 모르겠습니다. 그러나 아테네 시민 여러분, 절대 그렇지 않습니다. 오히려 사실은 이렇습니다.

나는 아무에게도 고의로 죄를 지은 적이 없다고 확신합니다. 다만 나는 이 점을 여러분에게 납득시키지 못할 뿐입니다. 그것은 우리가 이야기를 나눈 시간이 짧기 때문입니다. 만약 다른 나라에서처럼 사형에 관련된 재판을 하루가 아닌 여러 날에 걸쳐 진행시키는 법률이 있다면, 여러분을 충분히 납득시킬 수 있었겠지만, 지금

* 영빈관.

처럼 짧은 시간에 커다란 편견을 제거하는 것은 쉽지 않습니다.

하지만 나는 내가 아무에게도 죄를 짓지 않았다고 확신하고 있습니다. 그래서 자기 자신에 대해 죄를 지을 수도, 나에 대해 죄를 받아 마땅하다고 말할 수도, 그 어떤 형량도 제의할 수 없습니다.

도대체 무엇이 두려워 그러는 것일까요? 멜레토스가 나에게 구형한 형량을 받기가 두려워서일까요? 그러나 나는 사형이 좋은 것인지 나쁜 것인지 알 수 없다고 말씀드린 바 있습니다.

그렇다면 내가 나쁜 것으로 알고 있는 것들 중 하나를 골라 형량으로 제안해야 하겠습니까?

구류는 어떻습니까? 하지만 내가 왜 옥에 갇혀 살아야 합니까? 더욱이 매번 새롭게 임명되는 11인 위원회*가 시키는 일에 복종하면서 그래야 한단 말입니까? 아니면 벌금형을 제안해서 그것을 다 낼 때까지 구류되는 것을 제의해야 할까요? 하지만 벌금형은 나에겐 구류와 동일한 것입니다. 벌금을 낼 돈이 없기 때문입니다.

그것도 아니면 추방형을 제안해야 할까요? 아마도 여러분은 내가 그것을 제안하길 바랄지도 모르겠습니다. 만약 내가 이것을 택한다면 나는 생명에 커다란 애착을 느끼는 것이 됩니다.

아테네 시민 여러분, 여러분은 나와 같은 나라에 사는 사람이지

---

* 각 부족에서 매년 추첨으로 선출되는 10명의 옥리와 1명의 서기가 감옥을 감독하고 사형을 집행하였다.

만, 나와의 대화와 논의를 더 이상 참을 수 없게 되고 결국엔 내가 짐스러운 증오의 대상이 되어버려서 여러분이 나로부터 벗어날 방도만을 찾는다는 사실을 헤아리지 못할 정도로 내가 아둔하다고 생각하십니까? 하지만 그런 경우라면 외국 사람들은 그것을 참고 견딜 수 있겠습니까? 어림도 없을 것입니다.

아테네 시민 여러분, 나와 같은 나이가 되어 추방된 채로 이 나라 저 나라를 옮겨다니며 사는 그런 인생이 과연 좋은 것일까요? 어디를 가든 여기에서처럼 저의 말에 귀를 기울이는 청년들은 있겠지만 내가 이들을 쫓아버리면 그들은 어른들을 설득하여 나를 쫓아낼 것입니다. 설사 내가 그들을 쫓아내지 않는다 하더라도 그들의 아버지나 친척들이 청년들을 위한다는 명목 아래 나를 쫓아내겠지요.

하지만 어쩌면 이렇게 말하는 사람이 있을지도 모릅니다.

"소크라테스, 당신이 침묵만 지킨다면 추방되어 나가서 살아도 괜찮을 것이오"라고 말입니다. 이 부분이야 말로 내가 여러분을 납득시키기가 가장 어려운 것입니다. 그렇게 사는 것이 저에겐 신을 어기는 것이기 때문에 침묵을 지킬 수 없다고 한다면 여러분은 나의 말을 곧이곧대로 믿지 않을 것입니다. 그리고 내가 사람의 훌륭한 상태에 대해서 논의하고, 또 자기 자신에게는 물론 다른 사람에게도 늘 캐묻는 와중에 듣게 되는 것에 대해 논의하는 것이 사람에게 최상의 것이며 따라서 캐묻는 것이 없는 삶은 가치 없는 것이라고 말하면 여러분은 저를 더욱 납득하지 못할 것입니다. 이것이 가감 없는 저의 생각입니다만 여러분을 납득시키기가 쉽지 않군요.

또한 나는 그 어떤 벌이라도 감수해야 한다는 생각에 익숙하지 않습니다. 만일 나에게 돈이 있다면 부담할 수 있는 만큼의 벌금형을 제안했을 것입니다. 그로 인해 내가 해를 입을 것은 전혀 없을 것이기 때문입니다. 하지만 나에겐 돈이 없습니다. 현재 내가 지불할 수 있는 한도의 돈을 벌금으로 물리면 모를까 말입니다. 어쩌면 은화로 1므나라면 벌금으로 지불할 수 있을 것 같습니다. 그렇다면 나는 이것을 벌금으로 제의하겠습니다.

하지만 아테네 시민 여러분, 이 자리에 함께한 플라톤과 크리톤과 크리토불로스와 아폴로도로스는 30므나를 제의하도록 하고 자신들이 보증을 서겠다고 말하는군요. 저는 그 액수를 벌금으로 제의합니다. 이들이 그 금액에 대한 믿을만한 보증인이 되어드릴 것입니다.

3. 사형을 선고받다

아테네 시민 여러분, 아마 여러분은 그리 길지도 않은 시간을 절약하느라 현자인 소크라테스를 죽였다는 비난을 받게 될 것입니다. 나는 현자가 아니지만 여러분을 비난하고자 하는 사람들은 나를 현자라고 할 것입니다. 어쨌든 여러분이 나에게 행하려는 일은 조금만 기다렸더라면 자연스럽게 발생했을 일입니다. 보시다시피 나는 죽음이 멀지 않은 나이이니 말입니다. 이 말은 여러분 전부가 아닌 나의 사형에 표를 던진 사람들에게만 하는 말입니다. 그 분들에게는 한마디만 더 드리도록 하겠습니다.

아테네 시민 여러분, 여러분은 내가 어떤 행동이나 말을 해서라도 무죄방면을 받으려 했지만 언변이 부족해서 유죄판결을 받은 것이라고 생각할 것입니다. 그건 그렇지 않습니다. 분명 부족함 때문에 패소한 것은 맞지만 말이 부족해서가 아니라 뻔뻔스러움과 몰염치가 부족했기 때문입니다.

또 여러분이 가장 듣고 싶어할 말을 하지 않았기 때문입니다. 곧 울며 애원하는 등 전혀 나답지 않은 짓을 하는 열의가 부족했기 때문입니다. 그런 것은 여러분이 다른 사람들로부터 듣는데 익숙해져 있는 것들입니다. 하지만 나는 앞선 진술에서도 위험 때문에 자유인답지 않은 짓을 해서는 안 된다고 생각했고, 지금도 그렇게 한 것을 후회하지 않습니다. 오히려 이런 식으로 당당하게 변론을 하고 죽는 편이 좋다고 생각합니다. 왜냐하면 그것이 법정에서든 전쟁터에서든, 죽음을 피하려고 온갖 짓거리를 다하는 일은 그 누구라도 하지 말아야 하기 때문입니다. 전쟁터에서도 스스로 무장을 해제하고 추격해온 적에게 애걸하여 목숨을 부지하는 일은 실제로 종종 발생합니다.

어떤 위험에 처하더라도 죽음만은 면하기 위해 무슨 짓거리든 하려 든다면 죽음을 피할 방법은 많이 있습니다.

하지만 여러분, 죽음을 피하는 것보다 비열함을 피하는 것이 훨씬 어려운 법입니다. 비열함이 죽음보다 훨씬 빨리 움직이기 때문입니다. 나는 늙고 굼뜬 탓에 느린 것, 곧 죽음에 사로잡혔지만 나를 고발한 세 사람은 영리하고 민첩한 탓에 훨씬 빠른 것, 즉 사악함에 사로잡힌 것입니다.

나는 사형을 선고받고 지금 이 자리를 떠나려 하지만 그들은 진리가 내린 사악과 불의라는 심판을 받았습니다. 나도 판결에 복종해야 하지만 그들도 자신들에 내려진 판결에 복종해야 할 것입니다. 아마도 모든 일이 이렇게 되도록 정해져 있었을 것이며 저는 그렇게 된 것에 만족합니다.

여러분, 유죄에 표를 던진 사람들께 이번에는 예언을 해드리고 싶군요. 무릇 죽음에 임박한 사람이 가장 예언을 잘하는 법이니까요. 나에게 사형을 판결한 사람들이여! 내가 죽고 난 후에는 여러분에게 사형보다 훨씬 가혹한 처벌이 닥칠 것입니다.

여러분은 자신의 삶에 대한 캐물음에서 벗어나기 위해 이런 일을 저질렀지만, 정반대의 결과가 여러분에게 닥칠 것입니다. 여러분을 심문하는 사람은 더 많아질 것입니다. 지금까지는 내가 그들을 제지하고 있었지만 여러분은 그 점에 대해 모르고 있습니다. 그들은 젊기 때문에 나보다 가혹할 것이며 여러분은 더욱 괴로워 질 것입니다. 누군가를 사형에 처함으로써 자신이 올바르게 살지 않는다는 비난을 피할 수 있다고 생각한다면 대단히 잘못된 것입니다.

그런 식의 도피는 가능하지도 아름답지도 않은 것인 반면, 오히려 자신이 최대한 훌륭해지도록 노력하는 것이 가장 아름답고도 용이하게 삶에 대한 캐물음으로부터 벗어나는 방법입니다. 이것이 사형에 표를 던진 여러분에게 드리는 예언입니다.

반대로 무죄방면에 표를 던진 분들과는 기쁜 마음으로 이야기를 나누고 싶습니다. 관리들이 업무 처리를 하고 내가 죽음을 맞을 곳으로 이송되기까지는 아직 시간이 있기 때문입니다. 여러분, 그때

가지는 내 곁에 머물러 주십시오. 허락된 시간에 우리가 대화를 나누는 것을 방해하는 것은 아무 것도 없습니다. 친구인 여러분에게는 나에게 일어난 일이 도대체 어떤 의미를 갖는가에 대해 말씀드리고 싶습니다.

배심원 여러분,* 여러분이야말로 배심원이라고 부르기에 합당한 사람들입니다. 내게는 놀라운 일이 일어났습니다.

여태까지 다이몬의 예언은 항상 내가 아무리 사소한 것이라도 잘못된 일을 하려 할 때 반대하기 위해 나타났습니다. 그런데 이즈음 나에게는 사람들이 보통 나쁜 일들 중에서도 최악이라고 여기는 일이 일어나고 있습니다.

하지만 이번 경우에 다이몬은 내가 오늘 새벽에 집을 나올 때나 법정에 섰을 때에도 반대를 하지 않았으며 진술 중 어떤 대목에서도 가로막지 않았습니다. 이전에는 말하는 도중에도 나를 종종 가로막았지만, 이번 경우에는 전혀 그러지 않았습니다. 거기에 어떤 이유가 있을까요? 여러분에게 그 점에 대해 설명하겠습니다.

나에게 생겨난 이번 일은 매우 좋은 일인 것 같습니다. 여러분 가운데에도 죽는 것이 나쁜 것이라고 생각하는 사람들이 있지만 저는 그렇게 생각하지 않습니다. 무엇보다 내가 잘못되어 가고 있다

---

* 지금까지 '아테네 시민'으로 부르다가 처음으로 '배심원'이라고 부른 것은 무죄를 인정한 배심원이야말로 참된 배심원이라고 생각한 것이다.

면 다이몬이 나에게 알려주었을 것이기 때문입니다. 바로 그것이 강력한 증거입니다.

죽음이 좋은 것이 될 가능성이 크다는 점을 다음과 같이 추론해 보기로 합시다.

죽음이란 다음 두 가지 가운데 하나라고 나는 생각합니다. 곧 죽음은 완전히 무(無)이기 때문에 죽은 사람은 그 어느 것에 대해서도 전혀 감각을 갖지 못하거나, 혹은 전해지는 바대로 죽음이 일종의 변화로서 혼이 이곳에서 저곳으로 옮겨다니는 상태라는 것입니다. 만약 죽음이 아무런 감각도 없는 상태이지만 잠자는 사람처럼 아무런 꿈도 꾸지 않는 수면상태라면 죽음은 굉장한 이득일 것입니다. 꿈도 꾸지 않는 수면상태라면 그러한 밤보다 즐거운 밤이나 낮이 일생 중에 얼마나 될까요? 일반 사람은 물론 페르시아의 왕조차 일생에 걸쳐 그런 밤들을 갖는 기회는 매우 적다고 생각합니다. 만약 죽음이 그러한 것이라면 저로서는 커다란 이득이 아닐 수 없습니다. 그러한 죽음은 단 하룻밤보다도 길게 느껴지지 않을 테니 말입니다.

그리고 만일 죽음이라는 것이 이곳에서 저곳으로 옮겨다니는 것이라면, 그리고 전해지는 말처럼 죽은 자들이 모두 한 곳에 모이게 된다는 것이 사실이라면 배심원 여러분, 그보다 더 좋은 것이 있겠습니까?

이 세상의 배심원들로부터 떠나 저승인 하데스로 가서 참된 배심원들을 만날 수 있다면 이러한 떠나감이 과연 의미없는 것일까요?

곧 미노스[1], 라다만티스[2], 아이아코스[3], 트리프톨레모스[4], 그리고 올바르게 삶을 산 반신반인들을 보게 된다고 해도 말입니까?

또한 오르페우스[5], 무사이오스[6], 헤시오도스[7], 호메로스 등을 보게 된다면 여러분은 액수에 상관없이 돈을 지불할 수 있지 않겠습니까? 만일 그것이 사실이라면, 나는 몇 번을 죽어도 좋다고 생각합니다. 나에게는 그곳에서 지내는 것이 정말로 좋을 것입니다. 팔라메데스[8]나 텔라몬의 아들인 아이아스[9] 등 옳지 못한 재판을 받고 죽은 옛 사람들과 만나 내가 겪은 일들과 그들이 겪은 일을 비교해 본다면 얼마나 즐겁겠습니까?

무엇보다 기대되는 것은 이곳에서와 마찬가지로 그곳 사람들 중 누가 지혜롭고, 스스로는 그렇다고 생각하지만 사실은 누가 그렇지 않은가를 가려내는지를 캐묻고 사는 일입니다.

배심원 여러분, 트로이로 원정을 떠났던 오디세우스나 시시포스 10) 등의 남녀에게 캐물을 수 있는 대가로 여러분은 얼마를 지불하시겠습니까? 그들과 캐물음을 주고 받으며 지내는 것은 대단히 행복한 일일 것입니다. 그들은 캐물음이 마음에 들지 않는다고 사람을 사형시키지 않을 것이 확실할 것입니다. 전해지는 말이 사실이라면, 그곳의 사람들은 우리보다 훨씬 행복하며 죽는 일도 없을 테니 말입니다.

배심원 여러분, 여러분도 죽음에 대해서는 희망적으로 생각해야 합니다. 적어도 선량한 사람들에게는 살아서나 죽어서나 나쁜 일이란 결코 발생하지 않으며 신들이 무심하지도 않다는 것을 알아두어야 합니다.

나에게 일어난 일이 우연한 것은 아니지만 어쨌든 죽음을 통해 골치 아픈 일들로부터 벗어나는 것이 저에게는 훨씬 좋습니다. 그러므로 다이몬도 나에게 무엇인가를 경고하지 않았던 것입니다. 나 또한 유죄에 표를 던진 사람들과 나를 고소한 사람들에 대해 전혀 분노하지 않습니다. 물론 그들의 의도는 이런 결과를 위한 것이 아니라 나를 해치려는 것이었지만 말입니다. 이점에서 보면 그들은 마땅히 비난을 받아야 합니다.

하지만 그러나 그들에게 나는 한 가지 부탁을 하렵니다. 내 자식들이 성장하여 어른이 되었을 때 훌륭한 상태가 되는 것보다도 재물 같은 것에 더 마음을 쓴다면 내가 여러분을 괴롭혔던 것과 동일하게 그들을 괴롭혀 주십시오. 또한 그들이 훌륭한 상태도 아니면서 훌륭한 상태라고 생각하면 내가 여러분에게 했듯이 그들을 비난하십시오. 여러분이 이 일을 해주신다면 나도 나의 자식들도 여러분으로부터 올바른 대접을 받게 되는 것입니다.

자, 이제 떠날 시간입니다. 나는 죽기 위해, 여러분은 살기 위해 떠나야 할 시간입니다. 그러나 우리들 중 누가 더 나은 쪽으로 갈 것인지는 신밖에 모를 것입니다.

1) Minōs, 크레타 섬의 왕으로 사후에 죽은 자를 재판하였다고 한다.
2) Rhadamanthys, 미노스의 동생으로 죽은 자를 재판하였다.
3) Aiakos, 아이기나 왕으로 죽은 자를 재판하였다.
4) Triptolemos, 농업을 가르치는 반신으로 죽은 자를 재판하였다.
5) Orpheus, 트라케 출신으로 '오르페우스 비교'를 창시하였다. 금욕적인 생활과 정화 의식을 강조하였다.
6) Mousaios, 오르페우스와 함께 전설 속의 종교시인으로 오르페우스의 제자이다.
7) Hēsiodos, 호메로스와 함께 그리스 서사시의 창시자로 불린다. 대표작품으로는 『신통기』 등이 있다.
8) Palamēdēs, 왕자로서 트로이 전쟁에 참가했다. 그는 트로이 전쟁에서 빠지려고 미친 척하던 오디세우스를 발견한다. 그로인해 후에 오디세우스의 계략에 걸려 반역자로 사형을 당한다.
9) Aias, 살라미스 왕 텔라몬의 아들로서 트로이 전쟁에서 아킬레우스 다음가는 용사이다. 아킬레우스가 죽은 뒤 그의 무기를 가지기 위해 오디세우스와 싸우지만 패배한 충격으로 미쳤다. 후에 제정신으로 돌아온 뒤 치욕을 느끼고 자살한다.
10) Sisyphos, 코린토스의 왕으로, 오디세우스와 같은 지혜를 가졌으며 저승에서 영원의 형벌을 받고 있다고 한다.

크리톤
− 국가와 법, 그리고 시민에 대하여 −

Kriton

등장 인물

소크라테스 : 사형 선고를 받고 한달 뒤, 동트기 전 감옥을 찾은 크리톤과 이야
기를 나눈다.

크리톤 : 소크라테스와 동갑이며 부유한 친구이다. 소크라테스에게 헌신적이었
으며 늘 가까이 지냈다. 소크라테스가 죽는 날 감옥에서 그의 죽음을 끝까지
지켜보며 슬퍼하였다.

이른 새벽, 크리톤이 찾아오다

소크라테스 이런 이른 시간에 웬일인가. 크리톤? 너무 이르지 않나?

크리톤 분명 이른 시간이지.

소크라테스 지금이 몇 시 경인가?

크리톤 새벽이지만 동은 트지 않았네.

소크라테스 간수가 자네를 들여보내준 것이 놀랍구만.

크리톤 이제는 간수와 친해졌다네. 소크라테스. 하도 여길 드나드니까 그리 된 것일세. 그리고 나도 친절히 대했으니 말일세.

소크라테스 조금 전에 왔나?

크리톤 온 지는 꽤 되었네.

소크라테스 그렇다면 왜 나를 바로 깨우지 않고 가만히 앉아 있기만 했나?

크리톤 그렇지 않네, 소크라테스. 나 자신도 이렇게 괴롭고 잠이오지 않는데 자네가 그렇게 깊이 잠에 드는 것을 보고 놀랐네. 자네가 즐겁게 잠을 자는 시간을 보내게끔 자네를 깨우지 않았네. 이전부터 나는 자네가 기질적으로 행복한 사람이라고 생각했지만 지금 보니 그런 생각이 훨씬 강하게 드네. 자네가 죽음마저 편하고 조용히 이겨내고 있으니 말일세.

소크라테스 이미 사형을 선고받은 데다가 나이를 이 정도로 먹은 사람이 화를 내서야 되겠나.

크리톤 소크라테스, 나이가 많다고 해서 그 같은 불행에 대해 분노하지 않을 수 있는 것은 아니네.

소크라테스 그건 그렇지. 그런데 자네는 왜 이렇게 일찍 왔나?

크리톤 나쁜 소식이 있네. 자네야 그렇게 생각하지 않겠지만, 나와 자네의 친구들 모두에게는 괴로운 소식일세. 특히 나는 견디기 힘들 정도로 괴롭다네.

소크라테스 그게 무슨 소식인가? 델로스에서 배*가 돌아왔단 말인가? 그 배가 돌아오면 나는 사형을 당하게 되어 있지?

크리톤 아직 도착하지는 않았네. 그렇지만 수니온**에 그 배를 두고 온 사람들이 하는 말로는 배가 오늘 안에 도착할 것 같다는

---

* 아테네 인들은 매년 델로스에 배를 보냈다. 이 배가 출발해서 돌아올 때까지는 아테네에서는 사형 집행이 금지되고 있었다. 소크라테스의 재판은 배가 출발하기 전날 열렸기 때문에 사형을 선고받았으면서도 배가 도착할 때까지 집행이 연기되었다.
** 아티카 최남단에 위치한 곳.

군. 그렇게 되면 자네는 내일로서 삶을 마감하게 될 것이네.

소크라테스 크리톤, 모든 것이 잘되어가길 비는 바이네. 그것이 신의 뜻이라면 말일세. 하지만 나는 배가 오늘 도착하리라고 생각하지는 않네.

크리톤 왜 그렇게 생각하나?

소크라테스 나의 생각으론 그 배가 도착한 다음날 내가 사형을 당할 걸세.

크리톤 그렇네. 관리들이 그렇게 말하고 있더군.

소크라테스 나는 그 배가 지금 동이 트고 있는 오늘이 아니라 내일 도착할 것이라고 생각하네. 이것은 조금 전인 지난밤에 내가 꾼 꿈을 근거로 하는 말일세. 자네가 날 깨우지 않은 것은 참 잘한 일이었네.

크리톤 어떤 꿈이었나?

소크라테스 아름답고 멋있는 여인이 흰 옷을 입고 내게로 다가와서 나를 부르며 말했네. "소크라테스, 사흘 후면 당신은 풍요로운 나라인 프티아에 가게 될 것이오."*

크리톤 이상한 꿈이로군. 소크라테스.

소크라테스 이상하다기보다는 분명한 꿈이었네. 내가 보기엔 그

---

* 프티아는 아킬레우스의 고향으로, 아킬레우스는 아가멤논에게 이 말을 하여 귀향의 뜻을 비추었다.

렇네. 크리톤.

크리톤, 탈옥을 권유하다

크리톤 분명할지도 모르지. 하지만 소크라테스, 지금이라도 내 말을 듣고 목숨을 부지하도록 하게. 자네의 죽음은 나에게 있어 단순한 한 가지의 불행이 아니네. 그것은 절대로 다시 얻을 수 없는 친구를 잃는 것만이 아닐세. 자네와 나를 잘 모르는 사람들은 내가 무심하여 돈을 쓰면 구할 수 있는 친구를 저버렸다고 생각하지 않겠나? 친구보다 돈을 더 중시한다는 평판을 듣는 것보다 부끄러운 일은 없을 것이네. 사람들은 우리가 백방으로 노력했지만 자네가 떠나길 거부하고 이곳에 남았다고는 생각하지 않을 걸세.

소크라테스 크리톤. 왜 우리는 남들이 어떻게 생각하느냐에 그리도 얽매여야 하는가? 오히려 우리가 존중해야 할 현명한 사람들이라면 이번 일은 당연히 일어나게 되어 있는 일들이 일어난 것이라고 생각할 걸세.

크리톤 하지만 소크라테스, 많은 사람들의 의견을 무시할 수는 없지 않나. 이번 일만 해도 대중들로부터 비판을 사게 되면 그 해악은 최소에 그치지 않고 최대가 된다는 것을 말해주고 있지 않나.

소크라테스 크리톤. 대중이 최악을 저지를 수 있기 때문에 최선을 행하는 것도 가능하다면 그것은 대단히 좋은 일일 걸세. 그러나 대중은 그 어느 쪽도 할 수 없는 존재라네. 그들은 인간을 현명하게도, 어리석게도 할 수 없다네. 다만 그들은 모든 일을 어쩔 수 없이 하고 있는 것일 뿐이네.

크리톤 그렇다고 해도, 소크라테스. 그렇다면 이것에 대해서도 말해주게. 혹시 자네는 나와 다른 친구들을 걱정하고 있는 것이 아닌가? 자네가 이곳을 탈출하면 밀고자들이 자네를 이곳에서 몰래 탈출케 한 사람이라고 우리를 고발하여 우리가 재산과 돈을 잃을 뿐 아니라 더 큰 일을 당하지 않을까 두려워하는 것은 아닌가? 만약 그것을 염려하고 있다면 걱정하지 말게나. 자네를 구하기 위해서라면 그 정도의 모험은 물론 그보다 더한 것이라도 당연히 감수해야 하지 않겠나? 제발 거절하지 말고 나의 말을 따르게.

소크라테스 그것도 걱정이 되긴 하지만 걱정되는 것은 그것만이 아니라 훨씬 더 많다네.

크리톤 더 이상 걱정하지 말게나. 자네를 구출할 사람이 요구하는 돈은 그리 큰 돈이 아닐세. 또한 밀고자란 대단히 값싼 자들이라서 이들을 매수하는 데에는 큰 돈이 들지 않네. 자네는 내 돈을 마음대로 써도 무방하네. 그것이 미안하여 내 돈을 쓰지 않으려 하는가? 그렇다면 이곳에 와 있는 다른 나라 사람들도 자네를 위해 돈을 쓸 준비가 되어 있다네. 특히 테베 출신의 시미아스는 자네를 위해 충분한 돈을 가지고 왔네. 뿐만 아니라 케베스[*] 등 많은 사람들도 준비가 되어 있다네. 그러니 미안하게 생각하여 자신을 구하는 것을 주저해서는 안되네.

그리고 자네는 법정에서 나라 밖으로 나가서 어떻게 살아갈지 막막하다고 말했지만 걱정하지 말게. 자네는 어디를 가든 환영받을 것이네. 자네가 만일 테살리아[**]로 간다면 그곳의 내 친구들이 자네를 높이 사 안전을 보장해줄 걸세. 테살리아 사람들은 자네를 괴롭히지 않을 것이네.

소크라테스, 왜 자신을 구할 수 있음에도 불구하고 포기하려 하나? 자네는 자네가 파멸하기를 바라는 적들이 원하는 것을 스스로에게 재촉하고 있군. 이것은 대단히 잘못된 일일세.

더욱이 자네는 자식들을 포기하려는가? 자네는 자식들을 양육하고 교육시킬 수 있으면서도 그들을 두고 떠날 생각인가? 자네는 그들에게 무슨 일이 일어나든 그것은 그들의 운명이라고 생각하겠지만, 그렇게 되면 그들은 고아 신세가 되어 고아에게나 생겨나는 일들이 그들의 운명이 될 걸세. 일단 자식을 낳았으면 그들과 고난을

---

[*] Simmias 또는 Simas와 Kebēs, 둘 다 테베 출신으로 소크라테스를 사모하여 친하게 지냈다.
[**] 그리스 북부의 에게 해에 둘러싸여 있는 곳.

함께 해야 하지 않겠나? 이 점에서 자네는 너무 쉬운 길을 택하는 것으로 생각되네. 그러나 자네가 평생 사람의 훌륭한 상태에 대해 생각해온 사람이라면 자네 스스로가 훌륭하고 용감한 길을 선택해야 하네.

나로서는 나 자신과 자네의 친구들이 부끄럽기 짝이 없네. 우리가 소심해서 이런 일이 일어나게 된 것일세. 법정으로 가지 않을 수도 있었을 뿐만 아니라 법정에서도 서툰 싸움을 하지 않았나. 이 모든 일이 우리 자신의 못남과 소심함 때문이라고 생각되네. 우리가 조금이라도 쓸모있는 사람이라면 가능했을 텐데, 우리는 그렇게 하지 못했고 또 자네는 자네대로 스스로를 구하려 하지 않았으니 말이네.

소크라테스, 이번 일들이 자네나 우리에게 수치스러운 일이 되지 않도록 잘 생각해 보게나. 아니 이제 더 이상 생각할 때가 아니네. 이제는 결심을 해야 하네. 결정은 단 한 가지일세. 그것을 오늘밤에 결행해야 하네. 더 이상 지체된다면 다 헛수고가 될 것이네. 제발 더 이상 거절하지 말게나.

소크라테스, 크리톤의 권유를 거절하다

소크라테스 크리톤, 자네의 열정이 정당함마저 갖추었다면 커다란 가치를 지녔을 것이네. 그러나 정당성이 결여된 열정은 강할수록 해로운 것이라네. 그러니 우리가 그것을 결행해야 하는가에 대해 한번 검토해 보세.

이번만 그러는 것이 아닐세. 나는 본래 추론을 통해 찾아낸 가장 좋은 논거 이외에는 따르지 않는 사람이네. 이전에 내가 했던 이야기들을 지금 닥친 운명 때문에 부정할 수야 없지 않은가? 그 주장들은 나에겐 지금도 변함 없는 것이며 여전히 소중한 것일세. 만약 우리가 지금 그보다 좋은 논거를 찾아내지 못하면 자네의 의견에 동조하지 않으리라는 것은 알고 있겠지? 설령 대중의 위력이 오늘날보다 훨씬 강력해서 어린아이를 위협하듯 우리를 투옥하고 사형시키고 재산을 몰수하는 방식으로 겁을 준다고 해도 나는 그렇게 하지 않을 것이네. 자 그럼 이 문제를 어떻게 검토하는 것이 적절하겠나? 먼저 자네가 의견이라는 것에 대해 나에게 말한 권고를 검토해 보세나.

의견이란 처한 상황에 따라 어떤 것은 유의해야 하지만 어떤 것들은 유의할 필요가 없다고 말하는 것이 옳은 것인가, 아니면 틀린 것인가? 나에게 사형이 확정되기 전까지는 옳다고 생각하며 말했던 의견도 사실은 주장을 펴기 위한 주장에 불과한 것으로, 어리석기 짝이 없는 말에 불과한 것인가? 크리톤, 나는 자네와 함께 그 점을 검토해 보고 싶네. 나의 처지가 이렇게 되었기 때문에 그 의견도 의미가 달라진 것인지, 아니면 이전과 동일한 것인지, 그리고 내가 계속 그 의견을 따라야 할 것인지 묵살할 것인지를 말이네.

자기 스스로가 양식이 있다고 생각하는 사람들은, 내가 좀 전에 말했듯이, 어떤 견해라고 하더라도 상황에 따라 어떤 것은 존중하고 어떤 것은 존중할 필요가 없다고 말했던 것 같네. 크리톤, 자네는 이 말이 옳다고 생각되겠지? 인간이 처한 조건으로 생각해 본다면, 자네는 내일 죽을 운명이 아니기 때문에 지금의 상황에 좌우되어 판단을 그르치지는 않을 것이네. 그러니 생각해 보세. 의견이라고 해서 모두 존중할 것이 아니라 어떤 의견은 존중해야 하겠지만 어떤 의견은 존중할 필요가 없다는 점에 대해서는 충분히 설명하지 않았나? 이 말이 옳다고 생각하지 않나, 크리톤?

크리톤 옳은 말이네.

소크라테스 결국 좋은 의견은 존중하되 나쁜 의견은 그래서는 안 되겠군.

크리톤 그렇네.

소크라테스 또한 좋은 의견은 분별있는 사람의 것이고, 나쁜 의견은 어리석은 자들의 것이 아니겠나?

크리톤 그렇네.

대중이 아닌 한 전문가의 의견이 중요하다

소크라테스 그렇다면 운동을 하여 운동선수가 되려는 사람은 모든 사람들의 칭찬과 질책을 받아들여야 하겠는가, 아니면 의사이자 체육교사인 어떤 한 사람의 의견들을 받아들여야 하겠는가?

크리톤 물론 의사이자 체육교사인 사람의 의견들을 따라야 하겠지.

소크라테스 그렇다면 그 사람은 한 사람의 질책은 두려워하되 많은 사람의 질책은 두려워하지 않아야 하겠군.

크리톤 물론이네.

소크라테스 결국 그는 의사이자 체육교사인 사람이 좋다고 생각하는 것을 따라 운동하고 먹고 마셔야 하겠군.

크리톤 그렇네.

소크라테스 좋네. 반대로 의사이자 체육교사인 사람의 견해나 칭찬을 무시하고 따르지 않는 대신 전문적 지식이 없는 대중의 칭찬을 추종한다면 해악을 입지 않겠나?

크리톤 물론 그렇게 되겠지.

소크라테스 그 해악이란 무엇이고 그것은 복종하지 않는 자의 어떤 부분에 화를 미치게 할까?

크리톤 물론 육신이겠지. 몸을 망가뜨릴 테니까.

소크라테스 그렇네, 크리톤. 그렇다면 이것은 다른 경우에서도 마찬가지 아니겠나? 모든 것을 일일이 검토할 수는 없지만, 옳은 것과 그른 것, 추한 것과 아름다운 것, 좋은 것과 나쁜 것을 나눌 때, 특히 우리가 지금 다루고 있는 문제와 관련하여 대중의 의견을 따르고 두려워 할 것인지, 반대로 그에 대한 전문가의 의견을 두려워해야 할 것인지를 결정할 때도 말일세.

우리는 많은 사람보다도 그 한 사람에 대해 더 부끄러워하고 두려워해야 하네. 그의 의견을 따르지 않을 경우, 요행히 올바른 것을 따른다면 좋겠지만 한번이라도 올바르지 못한 것을 따랐을 때에는 파멸을 맞이하게 될 터이니 말이네. 영혼마저 타락하고 불구가 되어버릴 것이네. 내가 공연한 이야기를 하는 것인가?

크리톤 소크라테스, 그렇지 않네.

소크라테스 건강에 좋은 것을 따르면 좋아지지만 질병을 야기하는 것을 따르면 나빠지는 것인데도, 전문가의 의견을 무시한 결과 완전히 비참한 상태에 빠진다면 그러한 상태에서도 삶의 보람을 느낄 수 있다고 생각하나? 지금 우리는 육신에 대해 이야기하고 있지?

크리톤 그렇네.

소크라테스 그렇다면 완전히 망가진 육신으로도 우리는 삶에서 보람을 찾을 수 있을까?

크리톤 절대 그럴 수 없네.

소크라테스 그렇다면 하물며 몸의 경우도 그러할진대, 올바르지 못한 것에는 해를 입히고 올바른 것에는 이득을 줄 영혼이 망가진 상태에서 우리는 삶으로부터 보람을 발견할 수 있겠나? 아니면 우리는 올바름과 올바르지 못함에 관여하는 영혼을 신체보다 못한 것으로 생각해야 하는 것인가?

크리톤 절대 그렇지 않네.

소크라테스 그렇다면 영혼이 육체보다 더 소중한 것이란 이야기로군?

크리톤 물론 더 소중하네.

소크라테스 친구여, 대중이 우리를 두고 하는 말에는 귀를 기울이지 말고 비록 한 사람이라 하더라도 올바른 것과 올바르지 않은 것에 대한 전문가의 이야기와 진리 스스로가 말하는 바에 귀를 기울여야 하네. 따라서 자네가 아까 말한 것처럼 옳은 것과 아름다운 것, 그리고 좋은 것에 대해 대중의 의견을 따라야 한다는 주장은 옳지 않네. 비록 누군가가 "그렇지만 대중은 우리를 사형에 처할 수도 있다"고 말하더라도 말이네.

크리톤 그렇게 말할 사람은 분명 있을 것이네.

단순히 사는 것이 아니라 훌륭하게 사는 것이 중요하다

소크라테스 그건 사실이네. 그렇지만 앞서 우리가 말한 것처럼 좋은 의견은 존중하되 나쁜 의견은 무시하는 것은 지금도 유효하다고 생각되네. 그렇다면 다음으로는 단순히 사는 것이 아니라 훌륭하게 사는 것이 과연 중요한가에 대해서도 생각해보세.

크리톤 그야 당연한 말이네.

소크라테스 그렇다면 '훌륭하게'가 '아름답게' 및 '올바르게'와 동일한 말이라는 주장이 적절한가 그렇지 않은가?

크리톤 적절하네.

소크라테스 그러면 자네가 동의한 것들에 근거하여 아테네 사람들이 방면을 허락하지 않았는데도 내가 여기서 나가는 것이 올바른지 아니면 그른 것인지를 검토해보세. 올바른 것으로 판명되면 탈출하겠지만 그렇지 않다면 탈출을 포기하기로 하세. 그 전에 먼저 자네가 말한, 돈을 쓰는 것이나 평판을 얻는 일이나 양육에 관한 일들은 대중들이나 생각하는 문제일 뿐이 아닐까? 이들 대중은 사람을 경솔하게 죽여 놓고도 다시 살릴 수 있다고 생각하는 분별이 없는 존재들이라네.

자, 그러면 우리가 말하던 문제에 집중해보세. 나를 탈출시킬 사람들에게 돈을 주고 탈출을 하면 올바른 것인지 아니면 그른 일을 하는 것인지를 분명히 검토해보세. 단 그것이 올바르지 못한 것으로 밝혀지면 내가 여기서 꼼짝없이 사형을 당할 때까지 기다리는 신세가 될 거라는 상념에 동요되지 말고, 올바르지 못한 일을 저지르는 것이 무엇인지 그 자체를 고려해야 하네.

크리톤 소크라테스. 훌륭한 말이지만 과연 우리가 어떻게 해야 한단 말인가?

소크라테스 같이 생각을 해보세. 내 말을 듣는 동안 내 말을 반박하고 싶다면 언제든 반박하게나. 그 경우 내가 자네의 말을 따르겠네. 하지만 그런 경우가 아니라면 아테네 사람들의 말을 어기고 이곳에서 탈출해야 한다는 똑같은 주장을 반복하지는 말게나. 나는 무엇보다도 자네의 동의를 얻고서 행동을 취하고 싶네. 자네의 반대를 무시하면서 무엇인가를 하지는 않을 생각이네.

우리의 고찰의 출발점에 대해 충분히 설명되었는지를 생각해보고 나의 질문에 대해 가장 적절한 대답을 해주게.

크리톤 그러기로 하지.

올바르지 못한 행동을 해서는 안 된다

소크라테스 우리는 그 누구라도 또 어떤 경우든 고의로 올바르지 못한 행동을 해서는 안 된다고 봐야 하는가, 아니면 올바르지 못한 짓을 할 수도 있지만 특정한 경우에는 결코 해서는 안 된다고 봐야 하는가? 우리는 올바르지 못한 일을 하는 것은 정말로 좋지도 훌륭하지도 않은 일이라고 여러 번 합의하지 않았나? 일흔이 다 된 우리가 그만 너무 이야기에 빠져든 나머지 어린아이 같은 상태가 되어버려 이전에 다다른 합의를 유야무야해버린 것인가? 도대체 이전에 했던 이야기를 지키려는 마음이 있기나 한 것인가?

대중들이 뭐라 말하든, 또한 우리가 더 큰 곤경에 빠지든 말든, 올바르지 못한 짓은 올바르지 못한 일을 하는 사람에게 어느 모로 보나 나쁘고 수치스러운 것이 아니겠나? 그런가 안 그런가?

크리톤 그야 물론 그렇지.

소크라테스 그렇다면 우리는 어떤 경우든 올바르지 못한 일을 해서는 안 되네.

크리톤 그야 물론이지.

소크라테스 보복을 위해 올바르지 못한 일을 해서는 안 되며, 그 누구라도 해쳐서는 안되네. 사람들이 어떤 해를 끼쳤다 하더라도 말이네. 옳지 못한 일을 당하면 옳지 못한 일을 해서라도 보복을 해야 한다고 대중들은 생각하지만, 절대 그래서는 안 되는 것이네. 어떤 경우에도 올바르지 못한 짓을 해서는 안 되기 때문이네.

크리톤 그렇네.

소크라테스 크리톤. 그렇다면 다른 사람을 해쳐서도 안 되겠지?

크리톤 물론 남을 해쳐서는 안 되네. 소크라테스.

소크라테스 그렇다면 이번에도 대중들이 주장하듯, 해를 입었을 때 반대로 해를 가함으로써 보복하는 것은 올바른가 올바르지 않는가?

크리톤 결코 올바른 것이 아니네.

소크라테스 남에게 해를 입히는 것은 올바르지 못한 일을 하는 것과 동일한 일이 아니겠나?

크리톤 그렇네.

소크라테스 그렇다면 우리가 남에게 어떤 해를 입던지 올바르지 못한 짓으로 보복해서는 안 되네. 크리톤, 마음에도 없는 동의라면 하지 말게나.

나의 이러한 생각에 동의할 사람은 극히 적으며 앞으로도 그리 많지 않을 것이라는 점을 알고 있으니 말이네. 어떤 사람에게는 이렇게 생각되지만 다른 사람에게는 저렇게 생각되는 경우, 공동의 결론에는 결코 도달할 수 없는 법이네. 또한 그 때문에 서로의 견해를 경멸하기 마련이네.

자네도 충분히 숙고하길 바라네. 올바르지 못한 짓을 하는 것도 안 되고 해를 입었기 때문에 보복을 하는 것도 안 된다는 나의 생각에 과연 동의할 수 있는가를 말이네. 그래서 그것이 우리가 함께 하는 생각의 출발점이 될 수 있을지 아니면 생각을 그곳에서 출발하기를 거부할 것인지를 잘 결정하게. 나에겐 익숙한 생각이지만 자네에겐 낯선 것이라면 나에게 반드시 말해주길 바라네. 하지만 충분히 동의할 수 있는 생각이라면 그 다음으로 넘어가기로 하세.

크리톤 나는 자네의 생각에 동의하네. 그러니 계속 말을 하게나.

합의한 것이 올바르다면 그것을 반드시 이행해야 한다

소크라테스 그렇다면 다음으로 넘어가세. 그 전에 자네에게 한가지를 묻겠네. 어떤 사람과 합의한 것들이 올바를 경우 이를 이행해야 하는가 아니면 약속을 어기고 이행하지 말아야 하는가?

크리톤 약속한대로 이행해야 하네.

소크라테스 그렇다면 잘 생각해보게. 우리가 국가의 허락도 없이 이곳을 떠난다면 우리는 절대 해를 끼쳐서는 안 되는 어떤 사람들을 해치는 결과를 낳지 않겠나? 또한 그것은 우리가 동의에 이른

바 있는 올바른 것을 준수하는 행동인가 아니면 그 반대인가?

크리톤 소크라테스. 그 질문에는 답변을 할 수 없네. 전혀 이해할 수 없는 질문이네.

법과 소크라테스의 대화

소크라테스 이렇게 생각해보게. 지금 내가 탈옥을 하려는데, 국가의 법과 시민들이 와서 이렇게 질문했다고 하세. "소크라테스, 말해주시오. 당신은 무슨 짓을 하고 있소? 그런 짓으로 우리의 법률과 나라 전체를 망가뜨리려는 것이오? 국가가 내린 판결이 아무런 효력도 갖지 못하고 개인에 의해 무효화되고 파괴되면 그런 나라가 망하지 않고 계속 존속할 수 있다고 생각하시오?" 이에 대해 나는 어떻게 답변해야 하겠는가? 법은 일단 내려진 판결은 효력을 갖는 것으로 명시하고 있는데, 이러한 법이 무너진다면 사람들, 특히 국가를 변호하려는 사람들은 여러 가지 문제들을 제기할 것이네. 그렇다면 우리는 그들에게 "그것은 나라가 우리에게 올바르지 못한 짓을 저질렀으며 잘못된 판결을 내렸기 때문이오." 라고 말할 것인가? 도대체 어떤 식으로 이야기를 해야 할 것인가?

크리톤 마땅히 그렇게 말해야 하네. 소크라테스.

소크라테스 그렇다면 법이 다음과 같이 말한다면 어떻게 하겠나? "소크라테스, 그 같은 행동도 우리와 합의한 것이오? 당신은 국가에서 내린 판결을 따르기로 합의했던 것 아니오?" 우리가 그 말에 놀라면, 아마 그들은 다음과 같이 말을 할 것이네. "소크라테스. 놀라지 말고 대답을 해주시오. 당신은 질문하고 답하는 것에 능한 사람이지 않소. 도대체 당신은 어떤 잘못을 근거로 들어 나라를 망치려는 것이오? 당신을 태어나게 한 것은 국가가 아니오? 국가를 통해 당신의 아버지는 당신의 어머니를 맞이하게 되었고 그대를 낳게 된 것 아니오? 지금 국가의 혼인법이 올바르지 않다고 문제 삼는 것이오?" 나는 이렇게 대답할 걸세. "아닙니다. 그것을 문제 삼는 것이 아닙니다."

"그렇다면 당신이 문제 삼는 것은 양육과 교육에 관련된 법이오? 그 법이 당신의 아버지로 하여금 당신에게 노래와 체육을 교육하게끔 지시한 것이 잘못이었다는 주장이오?" 나는 다음과 같이 말할 걸세. "그렇지 않습니다." "그렇다면 당신은 이 나라에서 태어나고 양육되고 교육을 받았는데도 국가의 자식이자 종복이 아니라고 주장하려는 것이오? 그것은 당신이나 당신의 조상이나 모두 마찬가지 아니오? 당신은 국가와 올바름을 놓고 동등한 상태로 경합할 수 있다고 생각하시오? 그리하여 국가가 당신에게 무엇을 가하면 그에 대해 보복할 수도 있다고 생각하시오? 당신은 스스로가 당신의 아버지나 주인과 올바름 앞에 동등하다고 생각하시오? 당신은 아버지나 주인이 당신에게 가한 것을 똑같이 앙갚음 할 권리가 없소. 욕을 먹었다고 해서 그대로 욕지거리를 돌려줄 수도 없으며 매를 맞았다고 해서 동일하게 매로 보복해서도 안 되는 것이오.

이 외에도 비근할 예는 얼마든지 있소. 조국이나 법률도 이와 마찬가지 아니오? 국가가 당신을 처형하는 것이 옳다고 생각하고는 그대를 처형하려 든다면 당신은 조국이나 법률에 대해 보복을 하면서 그것이 올바른 행동이라고 주장할 것이오? 무엇보다도 만물의 훌륭한 상태에 대해 강조하는 당신이 그렇게 주장할 수 있소? 현명하다는 당신이 어머니나 아버지 그리고 조상들보다도 조국이 더 중요하다는 것을 모르시오? 분노하는 조국은 분노하는 아버지보다 더 두려워해야 하는 것으로 복종하고 순종해야 하며, 설득은 할 수 있으나 조국의 명령은 반드시 이행해야 하며, 매질을 당하거나 투옥되더라도, 전쟁터에 끌려갔다가 부상당하거나 전사하더라도 묵묵히 따르는 것이 올바른 것이오.

당신은 항복해서도 후퇴해서도 전열을 이탈해서도 아니 되오. 전쟁터이든 법정이든 국가가 명하는 것은 그것이 무엇이든 이행해야 하는 것이오. 그게 싫다면 올바른 것의 본성이 무엇인지를 국가에 새롭게 납득시키도록 하시오. 아버지나 어머니를 폭행하는 것이 불경한 것인지 아닌지, 또한 그것보다 조국에 대해 폭력을 가하는 것은 훨씬 더 불경한 것인지 아닌지에 대해서 말이오."

이 질문에 대해 우리는 뭐라고 답변해야 한단 말인가? 법은 진실을 말하고 있는가 그렇지 않은가?

크리톤 법이 진실을 말하고 있는 것 같네.

소크라테스 아마도 법은 이렇게 말할 것이네. "소크라테스, 내가 말하는 것이 진실이라면 당신이 하려는 일이 올바르지 않다는 점을 깨달으시오. 국가는 당신을 태어나게 하고 양육하였으며 교육시켰으며 우리가 가진 모든 훌륭한 것들을 당신을 비롯한 시민들에게 주었소. 그리고 아테네 사람은 누구라도 나라가 마음에 들지 않는다면 자기의 모든 소유물을 가지고 어디든 가고 싶은 곳으로 갈 자유가 있다고 공표하지 않았소? 법은 어느 누구에게도 이처럼 마음에 들지 않을 경우 재산을 가지고 식민지를 비롯한 다른 곳으로 이주하는 것을 금지하지 않소.

따라서 반대로 누구든 재판하는 방식이나 나라를 다스리는 방식을 보고서도 계속 이곳에 머무는 건 나라가 명하는 것은 뭐든 따르겠다고 합의한 것과 같지 않겠소? 만약 그에 복종하지 않는 자는 삼중의 잘못을 저지르는 것이 되는 것이오. 첫째는 자기를 태어나게 해준 것에 배은망덕한 것이고 둘째는 양육해준 것을 배은망덕한 것이고 셋째는 복종하기로 합의하고도 복종하지 않았을 뿐 아니라 아무런 설득도 하지 않은 것이오. 우리는 이행을 강요하지 않고, 그것을 이행하거나 우리를 설득하도록 선택할 수 있게 해주었는데 당신은 그 어느 쪽도 선택하지 않은 것이오.

소크라테스, 당신이 하고자 하는 것을 행한다면 당신은 이와 같은 비난을 그대로 받게 되는 것이오. 그것도 아테네 시민들 중에서 가장 큰 비난을 받게 될 것이오."

"그건 왜 그렇게 되는 것입니까?" 만약 내가 그렇게 질문했다면 법은 내가 이 나라에서 그 누구보다 분명히 법과 합의하는 것에 동의했다고 말할 것일세. 그리고는 다음과 같이 말할 것이네. "소크라테스, 법과 이 나라가 당신의 다음에 들었다는 많은 증거가 있소. 만일 이 나라가 당신의 마음에 들지 않았다면 당신은 다른 아테네 사람과는 달리 이곳에 남아 있지 않았을 것이오.

무엇보다 당신은 이스트모스*에 간 것 이외에는 단 한 번도 외국으로 가본 적이 없소. 또한 출정이 아닌 다른 이유로 아테네를 떠난 적도 없소. 다른 사람들처럼 여행을 위해 외국으로 간 적도 없고 다른 나라에 관해서 알고자 하거나 다른 나라의 법에 대해 궁금해 하지도 않았소. 당신은 우리나라만으로 충분했소. 그리하여 당신은 우리나라를 선택하고 이곳에서 시민으로 살기로 합의했으

---

* 그리스 본토에서 펠로폰네소스 반도에 이르는 지협이다. 이곳에서는 2년마다 한 번씩 포세이돈을 위한 축제가 열렸다.

며 이곳에서 자식을 낳았던 것이오. 즉 당신은 이곳이 마음에 든 것이오.

이번 재판에서도 당신은 국외추방을 청원할 수도 있었고 그랬다면 지금처럼 국가의 뜻을 거스르지 않더라도 당신이 원하는 바를 허락받을 수 있었을 것이오. 하지만 당신은 그때 사형을 선고받아도 결코 화를 내지 않겠다고 말했으며 실제로도 국외추방이 아닌 사형을 선택했소. 그런데 이제 와서 당신은 당시에 한 말을 잊고는 법을 존중하지 않고 파멸시키려 드는 것이오?

시민생활을 위해 반드시 준수해야 할 계약과 합의사항을 어기고 가장 비천한 노예처럼 탈옥을 하려는 것이오? 그렇다면 먼저 다음의 질문에 대해 답하시오. 당신이 법에 따라 시민생활을 하기로 한 것은 말로써만이 아니라 실제로 행동으로 보여주기 위한 것이 아니었소? 이것이 사실이오 아니오?"

크리톤, 도대체 이 질문에 대하여 뭐라 답변해야 한단 말인가? 동의할 수밖에 없지 않은가?

크리톤 그렇네. 소크라테스.

소크라테스 그러면 법은 또 이렇게 말할 걸세.

"그것은 당신이 우리와 맺은 계약을 위반하는 것이오. 그 계약은 강제로 이루어지지 않았고 속아서 한 것도 아니고, 짧은 기간에 무리하게 결정하도록 강요된 것도 아니며 칠십 년의 세월 동안 숙고

하여 내린 결정이오.

법이 마음에 들지 않았거나 합의사항이 올바르지 않았다면 이곳을 얼마든 떠날 수 있었소. 그러나 당신은 평소에 그 법이 훌륭하다고 칭찬한 라케다이몬*이나 크레타는 물론 헬라스**의 나라 중 어느 곳으로도 떠나지 않았소. 다리를 못 쓰거나 앞을 못 보는 사람들도 당신보다는 더 자주 아테네 밖으로 나가 보았을 것이오. 그처럼 당신은 남달리 이 나라와 법을 마음에 들어한 것이 아니오? 법인 우리도 그것은 마찬가지요. 법이 빠진 나라가 마음에 드는 것은 있을 수 없는 일일 테니 말이오. 그래도 당신은 당신이 합의한 것을 지킬 의향이 없소? 소크라테스, 당신이 우리의 말을 이해한다면 반드시 법을 준수하게 될 것이오. 그리하면 나라 밖에서 비웃음을 사는 일도 없을 것이오.

또한 만약 당신이 법을 어긴다면 스스로나 친구에게 어떤 도움이 되겠는가를 생각해보시오. 어쩌면 당신의 친구들도 외국으로 추방되고 재산을 몰수당하지 않겠소?

당신이 가장 가까운 나라인 테베나 메가라로 간다고 해도 훌륭한 법질서를 가지고 있는 그들 나라에서는 당신이 그들의 정체(政體)에 위협을 가한다고 생각할 것이고, 또한 법을 파괴한 사람이라

---

* 스파르타의 정식 국명이다.
** 고대 그리스 인들이 그리스를 부를 때 쓰는 명칭이다.

는 의혹어린 눈길을 받을 것이오.

또한 결국 당신에게 사형을 언도한 배심원들은 그 당시의 판결이 정당한 것이었다는 생각을 갖게 될 것이오. 왜냐하면 당신은 청년들과 아직 생각이 여물지 못한 사람들을 충분히 타락시킬만한 인물이라고 충분하게 여겨질 것이기 때문이오.

당신은 훌륭한 법과 예절이 갖추어진 사람들로부터 도피할 생각이오? 과연 그런 짓을 하고도 살아 남아야겠소? 아니면 다시금 이들에게 말을 걸 참이오? 그렇다면 무슨 말을 할 것이오? 소크라테스. 그래도 여전히 인간에게 가장 소중한 것은 훌륭함과 올바름이며 법에 합치하는 것이자 법 자체라고 말하려 하시오? 실로 꼴사나워 보일 일이 아니오?

당신은 이곳에서 탈옥하여 테살리아에 사는 크리톤의 친구들에게 의탁하려는 것이오? 그곳은 무질서하고 방종이 극에 달한 것이므로 당신이 가죽옷이나 탈옥자의 옷차림으로 그곳에 가서 탈옥했던 이야기를 한다면 대단히 재미있어 할 것이오. 아마 사람들은 살 날도 얼마 남지 않은 늙은이가 법도 어기면서까지 사는 것에 집요하게 집착한다고 말하지 않겠소? 당신이 남의 감정을 상하게 하지만 않는다면 그런 일이 없을지도 모르지만 일단 비위를 거슬리는 말을 하게 되면 당신은 부지기수로 공격을 받게 될 것이오. 소크라테스, 그러므로 당신은 수많은 사람들의 비위를 맞추면서, 굴종적인 노예처럼 남은 여생을 살아야 할 것이오.

그렇다면 테살리아로 간 것은 대접이나 받으면서 성찬을 즐기기 위한 것이오? 올바름과 훌륭함에 대해 우리에게 해준 말들은 이제 어떻게 되는 것이오? 혹시 당신은 자식을 키우고 교육하기 위해 살아남으려는 것이오? 테살리아로 그들을 데리고 가 외국인으로 만들고 그곳에서 혜택을 입게 하려는 것이오? 아니면 당신이 그들과 함께 하지 않더라도 살아있기만 하다면 그들을 부양하거나 교육하는 일이 수월해질 것이라고 생각하시오? 당신이 살아있다면 친구들이 그들을 돌봐주겠지만 당신이 사형에 처해진다면 그들이 돌보기를 그만둘 것이기 때문이오?

당신의 친구로 자칭하는 사람들이 진정으로 좋은 사람들이라면 당신의 자식들을 돌봐줄 것으로 생각해야 할 것이오. 소크라테스, 법인 우리가 당신을 양육했으니 우리 말을 따르시오. 자식이나 삶 등 그 어떤 것도 올바름보다 중요하지는 않소. 그것이 저승을 다스리는 사람들을 당신의 편으로 만들 방법이오. 지금 탈옥한다면 당신의 주변 사람 누구도 당신을 더 좋거나 올바르거나 경건하게 보지 않을 것이오. 물론 저승에서도 사정은 마찬가지일 것이오.

어쨌든 당신이 세상을 떠난다면 법 때문이 아니라 인간들 때문인 것이오. 하지만 당신이 옳지 못한 방법으로 앙갚음을 하거나 해악을 저지른다면 법과의 합의사항을 어기는 것이 될 것이오. 바로 그것이 가장 피해야 할 일로, 당신 자신과 친구들 그리고 조국에게 해를 가하는 것이오. 그럴 경우 당신에 대한 분노는 당신이 이승에 있는 동안 계속되는 것은 물론, 저승인 하데스의 법도 당신을 좋게 받아들이지 않을 것이오. 저승의 법은 당신이 이승의 법을 망치려 했다는 것을 알고 있을 것이기 때문이오. 어쨌든 우리의 말보다 크리톤의 말에 귀를 기울이고 설득되는 일은 없어야 하오."

친애하는 크리톤, 나에게는 이런 말들이 들려오는 듯하네. 마치 코리바스의 열광상태에 빠진 사람들이 아울로스의 소리를 듣는 것과 비슷하네. 이런 소리가 계속 윙윙거리는 나머지 다른 아무 소리도 들리지 않는군. 어쨌든 한 가지는 알아두게. 내가 했던 말에 반대되는 말을 하려 한다면 그건 헛수고일세. 하지만 그래도 뭔가 할 말이 있다면 말해보게나.

크리톤 소크라테스, 아무 말도 할 수 없네.

소크라테스 그럼 여기서 대화를 그만두세. 크리톤, 신이 나를 이렇게 이끌고 있으니 그것에 따르기로 하세.

파이돈

— 영혼의 불멸에 대하여 —

Phaedon

파이돈 : 전쟁 노예로 아테네에 끌려온 그는 소크라테스와 만날 수 있었으며, 소크라테스는 주변인들에게 그의 몸값을 치르게 한 뒤 자유인으로 철학을 할 수 있게 해주었다. 소크라테스가 죽은 지 얼마 지나지 않아 자신의 국가(엘리스)로 돌아가던 길에 에케크라테스를 만나, 소크라테스의 죽음에 대해 들려준다.

에케크라테스 : 피타고라스 학파로, 파이돈에게 소크라테스의 죽음에 대해 묻는다.

시미아스와 케베스 : 테베 사람으로, 소크라테스의 제자였다. 이들은 소크라테스의 탈옥을 돕기 위해 돈을 준비하기도 하였다.

소크라테스의 마지막 날에 대해 묻다

에케크라테스 파이돈, 소크라테스가 감옥에서 독약을 마시던 날 그분과 함께 있었습니까? 아니면 그때의 이야기를 누구로부터 전해 들었습니까?

파이돈 그 자리에 있었습니다, 에케크라테스.

에케크라테스 그렇다면 죽음을 맞이하시기 전에 어떤 말씀을 하시던가요? 그리고 어떻게 돌아가셨나요? 그 이야기를 꼭 듣고 싶군요. 이제는 아테네를 왕래하는 플리우스* 사람들도 거의 없고, 또 그곳에서 오는 사람도 없어서 그분이 독약을 마시고 돌아가셨다는 이야기만 들었을 뿐 좀더 자세한 이야기를 전해줄 사람이 전혀 없어서요.

---

* Phleious, Phlious 펠로폰네소스 반도의 동북부에 위치한 마을로 피타고라스 학파의 중심지로 알려져 있다. 소크라테스가 죽은 다음 플라톤은 아테네를 떠나 고향으로 가던 도중 플리우스에 들러 그곳에 살고 있던 에케크라테스와 대화를 나눈다.

파이돈 재판이 어떻게 진행되었는지 듣지 못하셨나요?

에케크라테스 그 얘기는 들었습니다. 하지만 재판은 오래 전에 끝났는데, 그토록 오랜 시간이 지난 후에야 형이 집행된 이유는 무엇인가요?

파이돈 우연히 벌어진 일 때문에 그렇게 됐습니다. 재판을 받기 전날, 아테네 사람들이 델로스 섬*으로 보내는 배의 꼬리를 꽃으로 장식했기 때문이었습니다.

에케크라테스 대체 어떤 배였나요?

파이돈 아테네 사람들의 말에 의하면, 그 배는 테세우스가 열네 명의 소년소녀들을 싣고 크레타 섬으로 갔다가, 그들을 구하고 자신도 살아서 돌아왔을 때 탔던 것이라고 합니다.** 당시에 아테네 사람들은 아폴론 신에게, 그들이 무사히 돌아온다면 해마다 델로스로 제례 사절을 보내겠다는 맹세를 했다고 합니다. 그때부터 지금까지 그들은 해마다 사절을 보내고 있습니다. 그 사절을 파견할 준비가 시작되면 국법에 따라 나라를 깨끗이 해야만 하므로, 그 배가 델로스에 갔다가 아테네로 돌아올 때까지는 사형도 집행하지 못

---

* Delos, 아테네의 동남쪽에 위치한 작은 섬으로 아폴론 신전이 있다.
** 크레타의 미노스 왕이 아테네를 공격해오자, 아테네는 매년 소년소녀를 7명씩 크레타 섬으로 보내기로 약속하였는데, 세번째로 아이들을 보내게 되었을 때 아테네의 영웅 테세우스가 그들과 함께 크레타 섬으로 가 괴물 미노타우로스를 죽이고 무사히 귀환했다는 신화가 있다.

하도록 되어 있습니다.

거센 바람을 만나게 되면 종종 항해가 늦어지기도 하기 때문에 아주 오랜 시간이 걸리곤 합니다. 아폴론의 신관이 배의 꼬리를 꽃으로 장식하면서부터 사절의 파견이 시작되는데, 말씀드렸듯이 재판 전 날 그 일이 있었기 때문에 그렇게 오랫동안 감옥에 있었던 것입니다.

에케크라테스 파이돈, 그분이 돌아가시던 때의 상황은 어땠습니까? 어떤 말씀을 하시고 어떤 행동을 하셨나요? 어떤 친구분들이 함께 있었나요? 아니면 집행관들이 허락하지 않아서 친구들도 없이 돌아가시지는 않았나요?

파이돈 전혀 그렇지는 않았습니다. 사실은 꽤 많은 사람들이 함께 있었습니다.

에케크라테스 지금 바쁜 일이 없다면, 당시의 일을 최대한 자세하게 들려주실 수 없겠습니까?

파이돈 지금 그다지 바쁜 일도 없으니 자세히 말씀드리겠습니다. 내가 이야기를 하거나 남의 이야기를 듣거나, 그분을 마음속에 떠올리는 일은 언제나 가장 기쁜 일이니까요.

에케크라테스 당신의 이야기를 듣는 사람들도 당신과 똑같이 생각할 겁니다. 그렇다면 모든 이야기들을 최대한 자세히 말씀해 주십시오.

파이돈 사실 그분과 함께 있을 때, 대단한 감동을 느꼈습니다. 친구의 임종을 지켜볼 때의 애석함 같은 것을 전혀 느낄 수 없었기 때문이었죠. 내 앞에 있는 그분의 태도나 말씀이 무척 행복해 보였거든요. 아무런 두려움도 없이 고귀한 태도로 자신의 죽음을 맞이하셨기 때문에 나는 문득, 하데스*로 가는 그 길이 분명 신의 가호도 없이 가는 것이 아닐 것이며, 그곳에 도착해 행복해 할 사람이 있다면 그것은 바로 그분일 거라는 생각이 들었습니다. 그렇기 때문에 나는 애통해야 할 자리에 참석한 사람이 느껴야 할 슬픔 같은 감정은 전혀 느낄 수 없었습니다.

또한 그때 우리는 철학적인 토론을 했지만, 그러한 토론을 할 때면 언제나 누릴 수 있었던 기쁨도 역시 느낄 수는 없었습니다. 그분이 얼마 후면 돌아가실 거라는 생각이 들 때면, 말로는 표현하기 힘든 기쁨과 고통이 기묘하게 뒤엉킨 감정에 사로잡혀 있었거든요. 그곳에 있던 우리들은 모두 다 웃다가 울곤 했습니다. 특히 아폴로도로스**가 가장 심했지요. 그가 어떤 사람이라는 건 잘 아시지요?

에케크라테스 당연히 알지요.

---

* 그리스 신화에 나오는 지하세계의 신. 죽음의 세계를 의미한다.
** Apollodōros, 소크라테스의 제자로 그를 따라 맨발로 다녔다고 한다. 「향연」에서도 등장해 대화를 주도한다.

파이돈 나와 다른 사람들도 마찬가지였지만, 당시에 그는 그러한 감정들을 전혀 주체하지 못하는 상태였습니다.

에케크라테스 파이돈, 그 자리에 어떤 분들이 있었습니까?

파이돈 아테네 사람으로는 아폴로도로스가 있었고 크리토불로스와 그의 부친인 크리톤, 그리고 헤르모게네스[*], 에피게네스[**], 아이스키네스, 안티스테네스[***]가 있었습니다. 파이아니아 사람으로는 테르시프온과 메넥세노스와 그 밖의 몇 사람이 함께 있었습니다. 당시에 플라톤은 몸이 편치 않았던 같습니다.

에케크라테스 다른 지방 사람들은 없었습니까?

파이돈 테베 사람인 시미아스와 케베스 그리고 파이돈데스가 있었고, 메가라 사람인 에우클레이데스와 테르프시온도 있었습니다.

에케크라테스 그렇다면, 아리스티포스와 클레옴브로토스는 그 자리에 없었나요?

파이돈 없었습니다. 그들은 아이기나에 있었다고 하더군요.

에케크라테스 그리고는 또 어떤 사람들이 있었나요?

파이돈 아마 지금까지 말한 사람들이 거의 전부였습니다.

에케크라테스 그렇군요. 자, 이제는 당시에 어떤 대화들이 오고

[*] Hermogenēs, 아테네의 갑부인 칼리아스와 형제이며 히포니코스의 아들이다.
[**] Epigenēs, 소피스트 안티폰의 아들이다.
[***] Antisthenēs, 금욕주의적인 퀴니소스 학파의 시조이다.

갔는지 말씀해주십시오.

사형 당일, 소크라테스를 찾아가다

파이돈 그때 있었던 일들을 처음부터 모두 말씀드리도록 해보겠습니다. 우리는 그분이 돌아가시기 전에 여러 날 동안 줄곧, 이른 아침부터 재판이 열렸던 법정 앞에서 만나 소크라테스를 찾아갔습니다. 감옥이 그곳 가까이에 있었기 때문이죠. 감옥문을 일찍부터 열지는 않았기 때문에 우리는 이야기를 나누며 그곳에서 기다렸습니다. 문이 열리면 곧바로 소크라테스를 찾아가 하루 종일 함께 있었습니다.

하지만 그날은 평소보다 조금 더 일찍 모였습니다. 그 전날 감옥을 나설 때, 델로스를 떠난 그 배가 돌아왔다는 소식을 들었기 때문이었습니다. 감옥에 도착했을 때, 평소 우리를 들여보내주던 문지기가 나와 자신이 부를 때까지 기다리라고 하면서, "지금 11인 위원회가 소크라테스의 족쇄를 풀어주면서 오늘 형이 집행된다는 것을 통고하고 있기 때문이오"라고 하더군요. 얼마 지나지 않아 그 문지기가 다시 돌아와 우리를 들여보내주었습니다.

감옥 안으로 들어섰을 때, 우리는 이제 막 족쇄에서 풀려난 소크라테스와 그 곁에 어린아이를 안고 있는 크산티페*를 만날 수 있었습니다. 그녀는 우리를 보자마자 울음을 터뜨리며 말했습니다.

"소크라테스, 이제 당신의 친구분들도 당신과 마지막 이야기를 나누어야 하겠군요."

소크라테스는 크리톤을 바라보더니 이렇게 말했습니다.

"크리톤, 사람을 시켜 저 사람을 집으로 데려다주도록 해주게."

그래서 크리톤의 하인이 발버둥치며 울부짖는 그녀를 데리고 나갔습니다.

침대 위에 앉아 있던 소크라테스는 손으로 다리를 주무르며 말했습니다.

"이른바 쾌락이라는 건 참으로 설명하기 어려워. 반대되는 것으로 여겨지는 고통과 묘하게 관련되어 있어서, 이 두 가지가 한 사람에게 한꺼번에 생기는 법은 없지만, 둘 중 한 가지를 얻게 되면 거의 언제나 다른 한 가지도 얻게 되거든. 마치 하나의 머리를 함께 쓰는 두 개의 몸뚱이 같단 말이야. 이솝이 이러한 것을 관찰했더라면 우화를 하나 지었을 거야. 신께서 그들의 끝없는 다툼을 화

---

* Xanthippē, 소크라테스의 아내. 소크라테스보다 나이가 어린 크산티페는 집안일은 돌보지 않고 저잣거리에 나가 사람들과 대화만 나누는 소크라테스를 괴롭혔다고 해서 3대 악처로도 꼽힌다.

해시키려 했지만, 도저히 그렇게 할 수 없다는 것을 알게 된 후에 그들의 머리를 하나로 합쳐버리는 거지. 그래서 어느 한 가지가 누군가에게 오게 되면 다른 한 가지가 반드시 뒤따르게 되는 거야. 지금의 나처럼 말일세. 족쇄 때문에 고통을 느끼고 있었지만 이젠 쾌감이 그 뒤를 잇고 있거든."

그러자 케베스가 그의 말을 끊으며 말했습니다.

"지금 그 말씀을 들으니 생각나는 일이 있습니다. 선생님께서는 지금까지 시를 쓰신 적이 전혀 없었는데, 이곳에 들어오신 이후로 이솝의 우화를 시로 옮기고 아폴론 신을 찬미하는 노래를 지으시는 것에 대해 궁금해 하는 사람들이 있었습니다. 특히 최근에는 에우에노스가 물어보더군요. 그가 다시 물어볼 것이 분명한데, 대답할 수 있도록 말씀을 좀 해주십시오."

"케베스, 내가 그나 그의 작품과 겨루기 위해 시를 짓는 것이 아니라는 것을 있는 그대로 전해주게. 나는 그렇게 하는 것이 쉬운 일이 아니라는 걸 잘 알고 있다네. 단지 내가 꾸었던 몇몇 꿈들의 의미를 알아내기 위해, 그리고 의식을 자유롭게 하기 위해 그랬던 것일세. 꿈에서 나는 종종 문예 작품을 지으라는 소리를 듣곤 했네. 전혀 다른 시간과 형태였지만 늘 이렇게 말하는 것이었네.*

---

* 소크라테스는 「변명」에서 신적이며 영적인 존재가 자신에게 나타나 조언을 해준다고 말했다.

'소크라테스, 문예 작품에 매진하여 작품을 지으시오.'

여태껏 나는 그 꿈을 그동안 해왔던 철학을 계속 연구하라고 권유하는 것이라 생각했네. 그 꿈은 마치 달리기 선수를 격려하는 것처럼 내가 추구하고 있는 것을 지속하라고 격려하는 것이었네. 철학이야말로 내가 그동안 줄곧 헌신해온 최고의 문예가 아니겠나.

하지만 재판은 이미 끝났지만 신께 올리는 제사로 인해 사형이 지체되고 있다보니, 어쩌면 그 꿈에서 그토록 빈번히 권유하는 것이 세상에서 흔히 말하는 그 문예를 의미하는 것인지도 모르겠다는 생각을 하게 되었다네. 그래서 그것을 거부하지 않고 따르기로 했다네. 그 꿈들의 권유에 따라 이 세상을 떠나기 전에 시들을 지음으로써 의식을 자유롭게 하는 것이 보다 더 나은 일일 거라고 생각한 거지. 그래서 나는 우선 현재 제사가 진행중인 신에게 바치는 노래를 지었던 것이네.

그리고나서 시인에 대해 생각해보았는데, 진정한 시인이라면 이야기만을 하는 것이 아니라 이야기를 만들어야 하는데, 그럴만한 재주가 없다는 것을 알기 때문에 잘 알고 있는 이솝의 우화를 시로 만들어본 것일 뿐이네. 나로서는 처음으로 해보는 일이지. 케베스, 이런 이야기를 에우에노스에게 전해주고 작별인사도 대신 전해주게나. 그리고 만약 현명한 사람이라면 가능한한 빨리 나를 따라오라고도 해주게. 아테네 사람들이 그렇게 정해 놓았으니, 나는 오늘 떠나야 할 것 같네."

그러자 시미아스가 말했습니다.

"무엇 때문에 에우에노스에게 그렇게까지 충고를 하십니까? 그를 자주 만난 제가 알고 있기로는 그는 분명 선생님의 충고를 받아들이지 않을 사람입니다."

"그렇다면 에우에노스가 철학자가 아니라는 말인가?"

"제가 보기에는 철학자인 것 같습니다만⋯."

"철학이라는 학문을 소중히 여기는 사람이라면 누구나 그렇듯이 에우에노스도 기꺼이 그렇게 할 것이네. 하지만 스스로 목숨을 끊지는 않을 걸세. 그것은 정당한 일이 아니거든."

그렇게 말하며 그는 다리를 침대 아래로 늘어뜨리고서 이야기를 계속했습니다.

자살에 대해 논의하다

그때 케베스가 물었습니다.

"그렇다면 자살은 옳은 일이 아니라 하시면서, 철학자는 죽어가는 사람을 따라 기꺼이 죽을 수 있어야 한다는 건 무슨 뜻입니까?"

"아니 이런, 케베스! 필롤라오스*와 그처럼 친숙하게 대화를 나누었던 자네와 시미아스가 이 주제에 대해 들어본 적이 없단 말인가?"

"명확하게 배운 것은 전혀 없습니다."

"나도 남의 말을 전해들은 것을 이야기하는 것뿐이지만, 그렇다고 해도 꺼려할 필요는 없을 테지. 이제 막 길을 떠나야 할 사람이 그 여행에 대해 묻고 성찰해보는 것은 분명 가장 잘 어울리는 일이겠지. 해가 떨어지기 전까지 남아 있는 이 시간 동안 그 밖의 어떤 일을 할 수 있겠나?"

"소크라테스, 자살이 왜 정당하지 않다고 하는지 그 이유를 말씀해주십시오. 필롤라오스와 그 밖의 사람들도 우리와 함께 있을 때, 자살은 정당하지 않다고 했습니다. 하지만 그 문제에 대한 명확한 이야기는 들어본 적이 없습니다."

"그렇다면 이야기를 잘 듣고 곰곰이 생각해보게. 어쩌면 자네는 사는 것보다 죽는 것이 더 나은 사람의 경우에도 자살만은 해서는 안 되며 다른 사람의 손을 기다려야만 하는 것을 가장 의아하게 생각하고 있을 걸세."

케베스는 부드럽게 웃으며 고향 사투리로 대답했습니다.

---

* Philolaos, 피타고라스 학파의 중심 인물 중 한 사람. 한때 테베에 학원을 세웠는데 케베스와 시미아스가 그곳에서 그의 가르침을 배웠다.

"맞습니다."

"물론 그것이 불합리하게 보이기도 하겠지만, 일정한 타당성을 갖추고 있다네. 이 문제에 대한 신비주의자들의 금언에 의하면, 인간은 일종의 감옥에 갇혀 있는 것이므로 스스로를 자유롭게 하거나 도망쳐서는 안 된다고 한다네. 케베스, 나는 이것이 매우 훌륭한 가르침이라고 생각하네. 그러니까 신들이 우리들을 보살펴주므로 인간은 신들의 소유물 중 한 가지인 것이지. 자네는 그렇게 생각하지 않나?"

"그렇군요."

"그러므로 만약 자네의 노예 중 한 명이, 죽기를 바란다는 자네의 언명도 없이 마음대로 자살해버린다면, 자네는 그 노예에 대해 화를 내고 또 할 수만 있다면 벌을 주려고 하지 않겠나?"

"그렇게 하겠지요."

"그렇다면, 이러한 관점에서 볼 때, 지금 나에게 주어진 상황처럼 조물주의 뜻이 전해지기 전까지 스스로 목숨을 끊어선 안 된다는 주장이 불합리한 것은 아니겠지."

"그럴 수도 있을 것 같습니다. 하지만 방금 말씀하셨듯이, 신이 우리를 돌보고 있으며 우리가 신의 소유물이라는 것에 동의한다면, 철학자는 기꺼이 죽을 준비가 되어 있어야 한다는 것은 불합리한 것 같습니다. 가장 현명한 철학자들이 신들의 가호를 벗어나는 것에 대해 슬퍼해서는 안 된다는 것은 이치에 맞지 않는 것 같습니다. 현명한 사람이라면 분명 자신이 자유롭게 되었을 때, 스스로를 신보다 더 잘 돌볼 수 있다고는 생각하지 않을 것이기 때문입니다.

하지만 어리석은 자들은 자신의 주인을 떠나려 하고 그것에 대해 후회하지 않겠지요. 하지만 사려깊은 사람은 언제나 자신보다 더 나은 존재와 함께 있기를 바랄 것입니다. 그러므로 소크라테스, 방금 전에 말씀하신 것과는 상반되는 것 같습니다. 현명한 사람은 죽음을 앞두고 슬퍼하겠지만 어리석은 자는 기뻐할 것이기 때문입니다."

케베스의 고집스런 주장에 흥미를 느끼는 듯 소크라테스는 우리들을 둘러보며 말씀하셨습니다.

"다들 알다시피, 케베스는 언제나 따지려들고 남의 말을 단번에 받아들이는 법이 없단 말이야."

그러자 시미아스가 대답했습니다.

"소크라테스, 사실 그렇기는 하지만 제가 보기엔 케베스의 말에는 어떤 의도가 있는 것 같습니다. 진실로 지혜로운 사람이라면 자신보다 나은 주인으로부터 벗어날 생각을 하고, 또 그렇게 쉽게 떠나버릴 수 있겠습니까? 케베스는 선생님을 빗대어 하는 말인 것 같습니다. 선생님께서는 우리는 물론 스스로 고백하셨듯이 우리의 훌륭한 지배자인 신들을 그처럼 쉽게 떠나려 하시기 때문입니다."

"자네들의 말이 맞네. 그렇다면 내가 재판정에서 그랬던 것처럼 자네들의 비난에 대한 변론을 해야 한다는 말인가?"

"그렇게 해주십시오."

시미아스가 대답했습니다.

"그렇다면 재판관들 앞에게 했던 것보다 보다 더 성공적인 변론을 해보이도록 노력해보겠네. 시미아스와 케베스, 만약 내가 지혜롭고 선한 신들의 곁으로 간다는 확신이 없다면, 그리고 이 세상의 사람들보다 더 훌륭한 저 세상 사람들에게로 간다는 확신이 없다면 죽음을 앞두고 슬퍼하지 않는다는 것은 잘못된 태도이겠지.

하지만 확고하게 주장할 수는 없겠지만 나는 분명 좋은 사람들에게로 가게 될 것을 바라고 있다네. 그러나 분명히 주장할 수 있는 것은, 내가 완벽하게 선한 주인이신 신들의 곁으로 간다는 것은 확신하고 있다는 것이지. 그렇기 때문에 나는 그다지 고통스럽지 않으며 오히려 죽은 이후에 나를 기다리고 있을 일들에 대한 기대감을 품고 있네. 옛부터 전해내려오는 것처럼, 그곳에선 악인보다는 선량한 사람들에게 훨씬 더 좋은 일이 있다고 하지 않던가."

그러자 시미아스가 말했습니다.

"그렇다면 선생님께서는 그런 확신을 혼자서만 지니고 떠나려 하십니까? 우리에게도 나누어주셔야 하지 않습니까? 우리들도 알아야 할 것이라고 생각합니다. 그리고 지금 말씀하신 것을 우리들에게 납득시킬 수 있다면 그것이 선생님을 위한 훌륭한 변론이 될 것입니다."

"그렇게 하도록 해보겠네. 하지만 크리톤의 이야기를 먼저 들어보기로 하지. 줄곧 하고 싶은 말이 있는 것 같아 보이는데."

크리톤이 말했습니다.

"다른 이야기가 아니라, 자네에게 독약을 건네게 될 간수가 아까부터 나에게 가능한한 자네가 말을 적게 하도록 해달라는 말을 하더군. 말을 많이 하게 되면 몸에 열이 오르게 되어 독약의 작용이 방해를 받게 된다는군. 그래서 독약을 두세 번씩이나 마셔야 하는 경우가 있었다고 하네."

"그냥 내버려 두게. 자신의 일만 제대로 하면 되지 않겠나. 두 번 줄 것을 준비하고 있거나 또 필요하다면 세번째 것도 준비하면 되는 것 아닌가."

"그렇게 말할 줄 알고 있었네. 하지만 나에게 계속 당부를 했거든."

"신경쓰지 말게."

철학자의 죽음에 대해 이야기하다

그분은 다시 이야기를 시작했습니다.

"자, 나의 배심원 여러분, 이제부터 여러분에게 철학에 일생을 바쳐온 어느 한 사람이 죽음을 앞두고, 이 세상을 떠나 저 세상에 도착하면 최대의 선을 얻을 것이라는 확고한 희망을 품고 그것을 확신을 하고 있는 근거를 설명하려 합니다.

시미아스와 케베스, 어떻게 그럴 수 있는지 지금부터 설명해보도록 하겠네. 진지하게 철학에 몰두하는 사람은 대부분 자신들이 언제나 죽음만을 지향하며, 또 죽어가고 있다는 것을 세상 사람들이 알아치리지 못하도록 하는 것처럼 보이거든. 만약 이것이 진실이라면, 일생 동안 죽음만을 추구해왔던 사람이 정작 그것이 다가왔을 때 그토록 추구해왔던 것 때문에 슬퍼한다면 분명 우스꽝스러운 일일 것이네."

그 말을 듣고, 시미아스가 웃으며 말했습니다.

"지금 제가 전혀 그럴 처지가 아닌데도 선생님께서 웃도록 만드시는군요. 많은 사람들이 지금 선생님의 말씀을 들으면 다들 철학자에 대한 정확한 표현이라고 생각할 것입니다. 특히 우리 고향 사람들은 진정한 철학자라면 죽음을 열망하며, 죽음을 감당하려 한다는 것에 대해 결코 모르지 않는다며 선생님의 말씀에 동의할 것입니다.”

“사실, 모르지 않는다는 주장만 아니라면 그들의 말이 진실이기도 하겠지. 그들은 진정한 철학자들이 죽음을 열망하며 어떤 형태이든 죽음을 감당할 것이라는 걸 모른다네.

자 이제 그들에 대한 이야기는 이 정도로 하고 우리끼리 이야기를 좀 해보세. 우리는 과연 죽음이란 것이 있다고 생각하는 걸까?”

“분명히 있지요.”시미아스가 대답했습니다.

“죽음이란 영혼이 육체로부터 이탈하는 것뿐이지 않을까? 영혼으로부터 분리된 육체, 육체로부터 분리되어 존재하는 영혼, 그것이 죽음 아닐까? 죽음은 그런 것이 아닐까?”

“분명히 그렇습니다.”

“그렇다면 자네의 의견이 나와 같다면, 지금 우리가 논의하고 있는 주제에 대해 보다 더 잘 이해할 수 있을 것이라고 생각하네. 자네는 철학자가 먹고 마시는 것과 같은 쾌락에 대해 걱정하는 것이 어울린다고 생각하는가?”

“전혀 어울리지 않습니다.”

“그렇다면 성적 쾌락은 어떤가?”

“절대 안 됩니다.”

“그렇다면, 그 외의 육체적 향락들을 중요하게 생각하는 사람에 대해선 어떻게 생각하나? 예를 들자면, 꼭 필요한 최소한의 필수품 외의 훌륭한 의복이나 신발 그리고 그 밖의 장신구 등을 소중하게 생각해야 할까 아니면 경멸해야 할까?"

"진정한 철학자라면 그런 것들을 경멸할 것이라고 생각합니다."

"그렇다면 철학자는 육체에는 관심을 갖지 않지만 가능한한 육체에서 벗어나 영혼에만 관심을 집중하는 사람이라고 생각하는가?"

"그렇습니다."

"그렇다면 철학자는 우선 다른 사람들과는 달리 영혼을 육체와의 관계로부터 최대한 자유롭게 하는 사람이라고 생각하는가?"

"그렇다고 생각합니다."

"하지만 시미아스, 세상 사람들은 대부분 그러한 쾌락에 관심을 기울이지 않고 즐기지 않는 사람은 살아갈 가치도 없으며, 육체의 쾌락을 소중히 여기지 않는 사람은 죽은 것과 다름없다고 생각하는 것처럼 보이는군."

"그렇습니다."

"그렇다면 지혜를 얻는다는 문제는 어떻게 생각하나? 지혜를 추구하는 데 있어 육체가 방해가 될까? 내 말은 이런 것일세. 시각이나 청각이 인간들에게 진실을 전달해줄까? 아니면 시인들이 줄곧 노래하듯이 눈이나 귀로는 정확한 것을 전혀 알 수 없는 것일까? 만약 시각과 청각이 정확하지도 않고 명확하지도 않다면, 그 외의 감각들은 그것들보다 훨씬 더 열악하지 않겠는가? 그렇게 생각하지 않나?"

"분명히 그렇습니다."

"그렇다면 대체 영혼은 언제 진실을 찾아낼 수 있겠는가? 그러므로 만약 육체와 연계하여 진실을 찾으려 한다면 길을 잃을 것은 분명하겠지."

"옳은 말씀입니다."

"그렇다면 진실이라고 알려진 것들이 있다면, 그것은 분명 사유에 의해 그렇게 되는 것이 아니겠는가?"

"그렇습니다."

"영혼은 분명 시각이나 청각, 고통이나 그 어떤 종류의 쾌락들 같은 것으로부터 방해받지 않았을 때 사유하는 것이겠지. 육체를 떠나 최대한 자기 안으로 물러나 있을 때, 그리고 가능한한 육체와 연결되지 않거나 관계하지 않을 때야말로 추구하는 것을 제대로 발견할 수 있는 것이네."

"그렇습니다."

"그렇다면 철학자의 영혼은 육체를 대수롭지 않게 여기고, 또 그것으로부터 벗어나 자기 안으로 물러나기를 추구하지 않겠나?"

"그럴 것 같습니다."

"그렇다면 이러한 문제는 또 어떤가 시미아스? 정의 그 자체는 존재하는 것일까 아닐까?"

"확실히 있는 것으로 알고 있습니다."

"그렇다면 아름다움과 선은 존재하는 것일까?"

"물론 있습니다."

"그러면 자네는 이러한 것들을 직접 본 적이 있나?"

"한 번도 없습니다."

"그렇다면 그 밖의 육체적 감각으로 이런 것들을 알아차린 적이 있는가? 일반적으로 말하자면 크기나 건강, 힘 등 한마디로 말해 모든 것의 본질, 즉 각각의 본성을 알아차린 적이 있느냐는 것이지. 육체라는 수단으로 인지된 이러한 것들의 정확한 진실을 알아차린 적이 있을까? 혹시 우리 중에서 가장 깊고 정확하게 탐구 대상의 본질을 파악하려는 사람만이 참된 인식에 가장 가까이 접근하는 것이 아닐까?"

"분명히 그렇습니다."

"시각이나 그 밖의 감각을 끌어들이지 않고, 순수한 정신적 능력만으로 각각의 탐구 대상에 최고의 수준으로 접근해나가는 사람만이 가장 순수하게 인식하게 되는 것이 아닐까? 눈과 귀를 비롯한 모든 육체가 관련되면 영혼이 진리와 지혜를 얻는 데에 방해가 되므로 최대한 관계를 끊고 벗어난 사람만이 참된 본질 그 자체들을 인식할 수 있지 않겠는가?"

"놀라운 진리를 말씀하시는군요. 소크라테스."

"그러므로 이러한 모든 것에 비추어볼 때, 진정한 철학자라면 다음과 같은 것들에 대해 당연히 생각하고 또 말하게 될 걸세.

'이성에 의해 실행된 우리들의 탐구가 이제야 제대로 된 길로 들어선 것 같다.'

우리들이 육체에 의해 방해받는 한, 그리고 우리의 영혼이 그처럼 사악한 것에 오염되어 있는 한, 결코 우리는 갈망하는 것을 완벽하게 얻을 수 없기 때문이지. 우리는 그것을 진리라고 하지. 육체가 유지되기 위해 필요한 것들로 인해 우리는 수많은 방해를 받아야 하고, 게다가 병이라도 들게 되면 진리에 대한 탐구를 방해하거든. 그리고 육체는 열망과 욕망, 공포, 수많은 공상과 엄청난 어리석음에 사로잡히게 만들어, 보다 더 나은 지혜를 얻을 수 없도록 한다네. 시시때때로 일어나는 전쟁과 폭동, 다툼들은 모두 육체와 육체의 욕망에서 비롯된 것이고, 모든 전쟁은 재물을 얻고자 하는 욕망에서 비롯된 것이며, 육체의 노예이기 때문에 육체를 위해 재물을 얻기 위해 내몰리는 것이지.

그 결과로 우리는 철학을 추구하는 데 방해를 받는다네. 하지만 가장 나쁜 것은 여유로운 시간이 생겨 어떤 주제에 몰입하려 한다 해도, 육체는 끊임없이 우리의 탐구에 개입하여 혼돈과 소란을 야기시켜 진리를 가려낼 수 없도록 한다네.

그러므로 어떤 것에 대해 순수하게 인식하려면 육체를 벗어난 영혼 그 자체로만 사색해야 한다는 것을 알 수 있지. 그때서야 비로소 우리가 열망하는 것을 얻을 수 있을 것일세. 이성적으로 판단하자면, 우리는 살아있는 동안에는 지혜를 얻지 못할 것이고 죽은 후에 그렇게 될 것일세. 왜냐하면 육체과 연결되어 있을 때는 그 어떤 것에 대해서도 순수하게 알 수 없기 때문에, 우리는 절대로 지혜를 얻지 못하거나 죽고 난 이후에나 얻을 수 있게 되는 것이지. 죽어야만 영혼이 육체를 벗어나 그 자체로서 존재할 것이기 때문이지. 살아 있는 동안 가능한한 육체와의 모든 결합을 피하고 육체에 사로잡히지 않으면서 신이 우리를 놓아줄 때까지 스스로를 육체로부터 떨어져 나와 순수하게 지켜야만 지혜에 가까이 다가갈 수 있을 것이라고 생각하네.

이처럼 육체의 어리석음에서 벗어나 순수해야만 스스로 온전하고 진실한 본질, 즉 진리를 얻을 수 있을 것 같아. 순수한 사람이 얻게 되어 있는 것을 순수하지 못한 사람이 얻을 수 없기 때문이네. 시미아스, 이러한 것들이야말로 진실로 지혜를 사랑하는 철학자들이 함께 생각하고 나누어야 할 이야기라고 생각하네. 그렇게 생각하지 않나?"

"당연히 저도 그렇게 생각합니다."

소크라테스가 다시 말씀하셨습니다.

"이것이 진리라면, 친구여, 내가 가야 할 곳으로 떠나는 지금 지난 시간 동안 줄곧 고통을 겪으며 추구해온 것을 완벽하게 얻을 것이라는 커다란 희망이 있는 것이지. 그래서 나에게 예정된 이번 여행을 희망과 함께 떠나려 하네. 나뿐만 아니라 마음이 정화되었다고 생각하는 사람이라면 누구라도 그렇게 할 것일세."

　"분명 그렇겠지요"라고 시미아스가 대답했습니다.

　"앞서 이야기했듯이, 정화란 영혼을 최대한 육체로부터 분리하는 것이며, 육체와의 모든 관계에서 벗어나 오롯이 그 자체에 집중하고, 가능한한 그 자체로써 살아가며, 육체의 사슬로부터 벗어나는 것이 아니겠나?"

　"그렇습니다."

　"그렇다면 이른바 죽음이라는 것은 육체로부터 영혼이 해방되고 떨어져 나오는 것 아니겠나?"

　"분명, 그렇습니다."

　"우리가 동의했듯이, 진실한 철학자들만이 육체로부터 영혼을 해방시키기를 열망한다네. 육체로부터 영혼을 해방시키고 분리하는 것이 바로 철학자들의 과제가 아니겠나?"

　"그렇게 생각합니다."

　"그렇다면, 내가 처음에 말했듯이 평생을 최대한 죽음과 가까이 살기를 원했던 사람이, 정작 죽음이 다가오자 슬퍼한다면 우스운 일이 아니겠나?"

"그렇겠지요."

"시미아스, 진실한 철학자란 언제나 죽음에 대해 연구하므로 누구보다 죽음을 덜 무서워하는 사람일세. 육체를 몹시 싫어하여 영혼을 있는 그대로 지키기를 열망해온 그들이 만약 평생 소망해왔던 곳으로 가는 것을 기뻐하지 않고 오히려 두려워하고 슬퍼한다면, 그처럼 불합리한 일이 또 어디 있겠는가. 그들은 지혜를 갈망하여 자신들이 가장 싫어했던 것으로부터 풀려나기를 원하는 것일세. 많은 사람들이 하데스로 가면 분명 자신들이 사랑하던 아내나 자식들을 만나게 되리라는 희망을 품고 죽기를 원했던 것이네.

그런데 진정으로 지혜를 사랑하여 오직 하데스에서만 그 지혜를 얻을 수 있다고 확신하는 사람이 어떻게 죽음을 슬퍼하겠는가? 기쁘게 그곳으로 가려고 하지 않을까? 친구여, 진정한 철학자라면 그곳에서만 순수한 지혜를 얻을 수 있다는 확고한 믿음을 지니고 있을 것이네. 그런 사람이 죽음을 두려워한다는 것은 불합리한 일이라네."

"당연히 그렇겠지요."

"죽음이 다가왔을 때 죽기를 싫어하는 자라면, 지혜를 사랑하는 철학자라기보다 육체를 사랑하는 사람이지 않겠나? 재산이나 명성을 사랑하거나, 그 두 가지를 다 사랑하는 사람일 걸세. 그렇다면 시미아스, 용기라는 것은 철학자들만이 특별하게 갖추고 있는 것이 아닐까?"

"그렇습니다."

"또한 많은 사람들이 욕망에 따라 행동하지 않고, 억누르는 것이라고 말하는 절제도 육체를 경시하고 철학을 연구하는 사람에게만 속하는 덕목이 아닐까?"

"그렇습니다."

"철학자가 아닌 다른 사람들의 용기나 절제에 대해 생각해보면 그들이 불합리하다는 것을 알게 될 걸세."

"왜 그런가요?"

"다른 사람들이 죽음을 가장 커다란 불행으로 생각한다는 것을 아는가?"

"네, 알고 있습니다."

"그들 중에서 용감하다는 사람들도 더 커다란 불행이 두려워 죽음을 받아들이는 것 아닌가?"

"그렇지요."

"그러므로 철학자들 외의 모든 사람들은 두려움과 공포로 인해 용감한 것인데, 공포와 비겁함에서 비롯된 용기는 불합리한 걸세."

"분명히 그렇습니다."

"같은 방식으로 절제도 마찬가지가 아닐까? 그들은 일종의 무절제로 절제하는 것은 아닐까? 앞뒤가 맞지 않는 말로 들릴지도 모르 겠지만, 그들이 갈망하고 있는 쾌락을 잃을 것이 두려워 다른 쾌락 들을 삼가는 것일 뿐이라네. 흔히 무절제가 쾌락에 지배당하고 있 는 상태라고 생각하지만, 사실 그들이 어떤 쾌락을 억제하는 것은 다른 쾌락에 지배되어 있기 때문이지. 그래서 나는 그들이 무절제 를 통해 절제한다고 말하는 걸세."

"그런 것 같군요."

"시미아스, 마치 화폐처럼 쾌락을 쾌락으로, 고통을 고통으로, 공포를 공포로 그리고 작은 것을 큰 것으로, 맞바꾸는 것은 미덕의 정당한 교환이 아니라는 점을 생각해보게. 이런 모든 것과 바꿀 수 있는 단 하나의 진정한 화폐가 있다면 그것은 지혜일세. 지혜를 위 해, 지혜와 함께 해야만 용기이거나 절제, 정의 같은 것들을 실제 로 사고 판 것이 된다네. 공포나 쾌락, 그 밖의 이와 비슷한 모든 감정들이 실재하든 아니든, 모든 진실한 미덕은 지혜와 함께 존재 하는 것일세. 하지만 지혜와 분리되어 교환된다면, 그러한 미덕은 진실도 건전함도 갖추지 못한 비굴한 것일 뿐임을 생각하게.

하지만 진정한 미덕은 그런 모든 것들로부터 정화된 것이며 절 제나 정의, 용기 그리고 지혜 그 자체는 모두 애초부터 정화된 것 인 셈이지. 신비교의 창시자들도 결코 경멸해서는 안 될 것 같아. 그들도 아주 오래 전부터, 충분히 겪고 속죄하지 않은 채 저 세상으로 가는 사람은 진흙탕 속에 놓여지게 되지만 정화된 사람들은 신들과 함께 살게 된다고 말해왔거든. 신비교의 지도자들은 '마술 지팡이를 들고 다니는 사람은 많지만, 제대로 영감을 받은 사람은 거의 없다'라고 한다네. 나는 이 말을, 나도 그렇게 되고 싶어 했듯이, 올바르게 철학을 추구한 사람이 없다는 뜻이라고 생각하네. 나 자신이 온힘을 기울여 그렇게 되도록 노력했지만, 내가 올바르게 노력한 것인지, 어느 정도 성공을 거두었는지는 저 세상에 갔을 때 신의 뜻에 따라 즉시 알게 되겠지.

시미아스와 케베스, 이것이 후회나 슬픔 없이 자네들과 또 이승에서의 주인들과 헤어지는 것이 당연하다는 것에 대한 나의 변론이네. 저 세상에 가서도 이곳 못지 않은 좋은 친구들과 주인들을 만날 것이라고 생각한다네. 대부분의 사람들은 이것을 믿지 못하지만 만약 내가 아테네의 재판관들보다 자네들을 더 잘 납득시킬 수 있다면 기쁘겠네."

영혼의 불멸성에 대해 논하다

소크라테스가 말을 마치자 케베스가 논의를 이어갔습니다.

"선생님의 말씀에 모두 공감하는 것 같지만, 영혼에 관한 말씀에 대해서는 의아해하는 사람들이 많을 것입니다. 영혼이 육체로부터 분리되면 그것은 더 이상 어디에도 존재하지 않게 되며, 죽는 바로 그날 연기나 입김처럼 흩어져 사라질 것이라고 생각하기 때문에 불안해 합니다.

영혼이 지금까지 언급하신 여러 가지 사악한 것들로부터 벗어나 어떤 곳에 존재한다면, 희망이 넘쳐난다는 선생님의 말씀이 진실일 것입니다. 하지만 영혼이 죽은 이후에도 존재하면서 일정한 힘과 지혜를 지니고 있다는 것에 대해서는 적지 않는 설득과 증거가 필요할 것 같습니다."

"맞는 말이네, 케베스. 하지만 어떻게 해야 할까? 그러한 일들이 가능한지에 대해 조금 더 대화를 해보는 것은 어떨까?"

"이러한 문제들에 대한 선생님의 의견을 꼭 듣고 싶습니다."

"지금 우리들이 나누고 있는 이야기를 누가 듣는다면, 심지어 나를 비웃던 희극 작가*일지라도, 자신과는 전혀 관계없는 주제에 대해 논의하면서 쓸데없이 시간을 낭비하고 있다고 하지는 않을 것이라고 생각하네.

괜찮다면 조금 더 자세히 살펴보도록 하세. 우선 죽은 사람의 영

---

* 그리스 희극 「구름」의 저자 아리스토파네스를 말한다.

혼이 하데스에 존재하느냐 않느냐라는 관점으로 접근해보기로 하지. 죽은 사람의 영혼이 저 세상으로 갔다가 다시 이 세상으로 돌아와 죽음에서 깨어났다는 옛 이야기가 있다는 것을 우리는 알고 있네. 만약 그렇다면 생명이 죽은 사람으로부터 비롯된 것이니, 우리의 영혼이 저 세상에 있다는 것 아닌가? 만약 그곳에 존재하지 않는다면 영혼은 분명 다시 태어날 수 없을 테지. 만약 생명이 다른 곳이 아닌, 오직 죽음으로부터 오는 것이 분명하다면 영혼이 하데스에 존재한다는 충분한 증거가 되겠지. 하지만 그렇지 않다면, 또 다른 논증이 필요하겠지."

"옳은 말씀입니다."

모든 것은 그 반대되는 것으로부터 생성된다

"보다 더 확실하게 알고 싶다면, 이 문제를 사람에게만 관련해 생각하지 말고 모든 동물과 식물 그리고 생성되는 모든 것들에 대해서도 생각해보게.

반대되는 특성을 지닌 것들은 모두 그 반대되는 것들로부터 생성되거든. 예를 들어 아름다움과 추함, 정의와 불의와 같이 수없이 많은 것들이 반대되는 것들로부터 생성된다네. 그렇다면 이제는 반대되는 것은 모두 다 반드시 그 반대되는 것으로부터 오는 것인지를 생각해 보도록 하지. 예를 들자면 어떤 것이 보다 더 커졌다는 것은 그 이전에 보다 더 작았기 때문에 나중에 더 커졌다는 것이 아니겠나?"

"그렇습니다."

"마찬가지로 보다 더 작아졌다면, 그 이전에 더 큰 것이 있었어야 작게 되는 것이 아니겠나?"

"그렇습니다."

"더 약한 것은 더 강한 것에서, 더 빠른 것은 더 느린 것에서 생겨났겠지?"

"분명 그렇습니다."

"그렇다면 이건 어떨까? 어떤 것이 나빠졌다면, 그것은 좀더 좋은 것에서 비롯된 것이겠지? 그리고 만약 보다 정의로워졌다면 그것은 불의에서 비롯된 것이 아닐까?"

"당연히 그렇습니다."

"그렇다면 이제 모든 것은 반대되는 것으로부터 생겨난 것이라고 말할 수 있게 되었네."

"그렇게 말할 수 있겠지요."

"그 다음은 무엇을 생각해야 할까? 반대되는 것들 사이에는 이

중의 생성과정이 있지 않을까? 이것에서 저것으로, 또 다시 저것에서 이것으로 생성된다는 말일세. 보다 큰 것과 보다 작은 것 사이에는 증가와 감소가 있어서, 그것에 따라 증가한다고 말하기도 하고 감소한다고 말하기도 하지 않는가?"

"그렇게 말합니다."

"또한 분리와 결합, 차갑게 되는 것과 뜨겁게 되는 것처럼 그 밖의 모든 것들도 똑같은 방식으로 생성되겠지? 가끔은 그런 것들에 대해 일일이 명칭을 붙이지는 않지만, 반대되는 것들은 반드시 서로 반대되는 것에서 생성되는 것이 아닐까?"

"분명 그렇습니다."

"그렇다면, 깨어 있는 것이 잠들어 있는 것의 반대이듯이, 생명에도 반대되는 것이 있지 않겠나?"

"물론 있겠지요."

"그게 무엇인가?"

"죽음입니다."

"이러한 모든 것들이 서로 반대되는 것이라면, 그것들은 서로 반대되는 것으로부터 생성되었으며, 그들 사이에는 각각 이중의 생성과정이 있겠지?"

"그럴 수밖에 없겠지요."

"자, 그렇다면 내가 방금 말한 두 가지 반대되는 것들 중 한 쌍의 생성과정을 이야기해볼 테니, 자네는 다른 한 쌍에 대해 말해주게. 내가 말하려는 것은, 잠드는 것과 깨어 있는 것일세. 깨어 있는 것은 잠드는 것에서 생성되고 잠드는 것은 깨어 있는 것에서 생성되는 것이지. 그것들의 생성양식 중 한 가지는 잠드는 것이요, 다른 한 가지는 깨어나는 것일세. 내가 충분하게 설명한 것 같은가?"

"그렇습니다."

"자, 그렇다면 이번에는 자네가 똑같은 방식으로 생명과 죽음에 대해 설명해주게. 죽음은 삶의 반대가 아닌가?"

"그렇습니다."

"그것들은 서로에게서 생성되는 것이 아닌가?"

"그렇습니다."

"그렇다면 생명에서 생성되는 것은 무엇인가?"

"죽음입니다."

"그렇다면 죽음에서 생성되는 것은?"

"그건 생명이라고 대답해야만 하겠지요."

"오, 케베스, 그렇다면 살아 있는 것은 모두 죽음에서 생성된다는 것인가?"

"그렇습니다."

"그러므로 우리들의 영혼은 하데스에 있는 것이군."

"분명 그런 것 같습니다."

"그런데 그 이중의 생성 중 한 가지는 즉, 죽는다는 것은 분명하지 않은가?"

"그렇지요."

"자, 그렇다면 이제 무엇을 해야 하는가? 그 반대의 생성 양식은 발견할 수 없는 것인가? 만약 그렇다면 자연은 불완전한 것이 되는 것이 아닌가? 그러니 죽음의 생성에 반대되는 것을 찾아내야만 하지 않겠군."

"분명 그래야겠지요."

"그렇다면 그것은 무엇일까?"

"되살아나는 것입니다."

"그러므로 그렇게 되살아나는 것과 같은 일이 있다면, 그것은 죽음으로부터 생명이 생성되는 방식이어야 하지 않은가?"

"분명 그렇습니다."

"그렇다면 이제 우리는 죽은 자는 산 자로부터 생성되는 것과 마찬가지로, 산 자는 죽은 자로부터 생성된다는 것을 동의하게 되었네. 이것이 옳은 것이라면, 나는 죽은 사람의 영혼이 되살아나는 것이 어딘가에 존재하고 있다는 것을 충분히 증명했다고 생각하네."

"소크라테스, 이같은 결론은 앞서 우리가 인정했던 것으로부터 필연적으로 나오게 되어 있는 것이 아닙니까?"

"케베스, 우리가 잘못된 것들을 인정했던 것이 아니라는 사실을 주목하게. 반대되는 것들의 생성과정이 원처럼 순환되며 서로에게 끊임없이 반응하지 않고, 직접적으로 오직 한 가지에서 그 반대의 것으로만 생성이 이루어져 다시 순환하지 않는다거나 그 과정만을 반복한다면, 세상의 모든 것들은 마침내 똑같은 모양과 똑같은 상태에 이르게 되어 생성은 끝나게 되지 않겠는가?"

"무슨 말씀이신지요?"

"내가 말하려는 것은 이해하기 어려운 것이 아닐세. 예를 들어, 잠 속으로 빠져드는 것을 생각해보게. 만약 잠에 빠져 있는 상태와 깨어 있는 상태가 서로 교환되지 않는다면, 저 엔디미온의 신화*는 결국 조롱거리가 될 것이고, 그 밖의 모든 것들도 그와 마찬가지로 이른바 잠에 빠져 있는 상태에 있을 것이기 때문에 그것은 마침내 아무런 의미도 없는 이야기가 되고 말 것일세. 만약 이 세상의 모든 것이 뒤섞여 있기만 하고 절대 분리되지 않는다면, '만물은 혼돈 상태에 있었다'라고 했던 아낙사고라스의 가르침이 쉽게 증명이 되겠지.

친애하는 케베스, 만약 생명이 있는 모든 것이 죽어야 하고, 그 이후에는 영원히 죽음의 상태에 머물러 있으면서 되살아나지 못한

---

* 엔디미온은 코린토스의 목동으로, 무척 잘생겨 달의 여신 아르테미스가 그에게 반했다. 여신은 자신의 사랑을 의식하지 못하도록 엔디미온을 영원한 잠에 빠지게 했다.

다면, 결국 모든 것은 죽어야 하고 아무것도 살아 있지 않아야 하는 것 아닌가? 만약 살아 있는 존재가 그 밖의 다른 것으로부터 생성된다면, 그 살아 있는 존재가 죽으면 결국 모든 것은 죽음 속에 흡수되고 말 것 아닌가?"

"그럴 수밖에 없겠지요. 선생님의 말씀이 정확한 진실 같습니다."

"케베스, 나는 그것을 의심없이 진실이라고 믿고 있으며, 우리는 잘못된 생각을 바탕으로 인정했던 것이 아닌 것이겠지. 되살아나는 것이 실질적인 사실이라면, 산 자는 죽은 자로부터 생성되며, 죽은 자의 영혼도 존재하며, 선한 영혼이 악한 영혼보다 더 좋은 상태에 있으리란 것도 사실인 것이지."

배움은 상기(想起)이다

케베스가 그의 말을 자르며 말했습니다.

"선생님께서 우리들에게 자주 말씀해주셨던 '안다는 것은 상기하는 것'이라는 그 이론이 진리라면, 지금 우리가 기억해내는 것들은 당연히 예전에 배웠던 것들이라는 결론에 이르게 됩니다. 하지만 이것은 영혼이 인간의 형태를 갖추고 태어나기 전에 다른 어떤 곳에 존재하지 않았다면 불가능한 일입니다. 그러므로 이것으로부터 영혼은 불멸하는 존재라고 생각할 수도 있습니다."

그러자 시미아스가 그의 말을 끊으며 말했습니다.

"하지만 케베스, 그 상기설의 증거들이 무엇이었나? 그것을 분명하게 기억하지 못하고 있으니 다시 알려주게."

케베스가 말했습니다.

"그것은 아주 멋진 한 가지 논증에 의해 입증되었다네. 즉 사람들은 자신들에 대한 질문을 받게 되면 모든 것들을 있는 그대로 대답한다는 것이네. 하지만 만약 그들이 타고난 지식과 올바른 이성이 없다면 절대로 그렇게 할 수 없겠지. 보다 확실히 말하자면, 만약 그들에게 기하학의 도형과 같은 것에 대해 묻게 된다면, 이것은 가장 명확하게 입증될 것이네."*

소크라테스가 다시 말씀하셨습니다.

"시미아스, 이런 방법으로는 아직 납득이 되지 않는다면, 어떻게 하면 이 문제를 우리와 동의하게 될 것이지를 생각해보세. 자네는 이른바 안다는 것이 어떻게 상기인지에 대해 의혹을 품고 있는 것인가?"

---

* 대화편 「메논」에서 소크라테스는 무지한 소년에게 질문해서 소년 스스로가 피타고라스의 공리를 풀게 한다.

"그렇지는 않습니다. 다만, 우리가 토론했던 기억을 되살려보고 싶었을 뿐입니다. 사실 지금 막 케베스가 하는 말을 들으니, 충분히 납득이 갈 만큼 기억이 나는군요. 그렇지만 그 문제를 입증하기 위해 선생님께서 어떻게 접근해 가는지 듣고 싶습니다."

"나는 그것을 이렇게 입증하려 하네. 우리가 동의하듯이 무언가에 대해 기억해낸다는 것은, 분명 그 이전에 그것에 대해 알고 있었다는 것이 분명하다는 거지."

"분명 그렇습니다."

"그렇다면 지식이 그와 같은 과정을 통해 생길 경우, 그것을 상기라고 부르는 것에 대해서도 동의한다는 것이 아닌가? 내가 말하려는 것은 이런 것일세. 즉, 어떤 사람이 보거나 듣거나, 또는 그밖의 감각기관으로 어떤 특별한 것을 인지할 때, 지식과는 전혀 다른 어떤 생각을 갖게 되었다면, 당연히 그 사람이 받아들이게 된 그 생각을 상기해낸 것이라고 말할 수 있지 않은가?"

"무슨 뜻인지요?"

"예를 들면, 어떤 사람에 대한 지식과 어떤 악기에 대한 지식은 다르다는 걸세."

"물론이지요."

"그렇다면 연인들은 사랑하는 사람이 좋아하던 악기나 옷, 또는 그 밖의 것들을 보았을 때 마음이 동요한다는 것을 알고 있나? 그들은 서로 그 악기를 인식하고 마음속으로 그 악기의 소유자를 떠올리게 되지 않던가? 이것이 바로 상기일세. 마찬가지로 시미아스를 보게 된 사람들은 다들 케베스를 생각하게 될 걸세. 이와 비슷한 예는 수없이 많이 있네."

"정말 수없이 많겠군요" 하고 시미아스가 말했습니다.

"그리고 이런 종류의 것들도 상기라고 할 수 있지 않을까? 오랫동안 잊고 있었던 것으로 인해 그와 같은 일을 경험해본 적이 있지 않은가?"

"그렇습니다."

"그렇다면 그림 속의 말이나 악기를 보고서 어떤 사람을 상기한다거나, 시미아스의 초상화를 보고 케베스를 상기하는 것도 가능하겠지?"

"분명 그렇지요."

"또한 시미아스의 초상화를 보고서 시미아스 자신을 상기하는 것도 가능하겠지?"

"네, 그렇습니다."

"그렇다면 이런 모든 것들로 미루어 보아, 상기는 닮은 것으로부터 일어나기도 하고, 닮지 않은 것으로부터 일어날 수도 있지 않겠나?"

"그렇습니다."

"그런데 닮은 것을 보고서 어떤 것을 상기하게 될 경우, 반드시 그 닮은 것이 상기되는 것과 완전하게 닮았는지, 그렇지 않은지를 생각해보지는 않을까?"

"분명 그렇게 할 것입니다."

"사실이 그렇다면, '같은' 무엇인가가 있다는 것을 인정할 수 있을까? 통나무가 통나무와 같다든지 돌이 돌과 같다는 등과 같은 의미가 아니라, 이러한 모든 것들과는 전혀 다른 '같음 그 자체'를 말하는 것일세. 그러한 것이 있다고 인정할 수 있겠는가?"

"우리 모두 다 분명히 인정합니다" 하고 시미아스가 대답했습니다.

"그렇다면 우리는 그 '같음' 자체가 무엇인지 알고 있을까?"

"분명히 알고 있습니다."

"우리는 어디에서 그 지식을 얻게 되었을까? 그 지식을 지금 언급했던 통나무나 돌과 같은 것들의 '같음'에서 이것들과는 전혀 다른 '같음'이라는 관념을 얻게 된 것이 아니겠는가? 이것이 전혀 다른 것이라고 생각하지 않는가? 똑같은 돌들과 똑같은 통나무들이 어느 때는 같아 보였만 어느 때는 달라 보였던 적이 있지 않던가?"

"있었습니다."

"그렇다면, '같음 그 자체'가 때로는 같지 않은 것들로 보이지 않았던 적이 있었나? 혹은 같음이 '같지 않음'으로 보인 적이 있었나?"

"그런 일은 한번도 없었습니다."

"그렇다면 이와 같은 것들과 '같음 자체'는 같은 것이 아니겠지?"

"제가 보기에는 그렇습니다."

"하지만 자네는 '같음 자체'와 확연히 다른 같은 것들로부터 '같음'이라는 생각을 갖게 되었고 지식을 얻게 된 것이 아닌가?"

"그렇습니다."

"그러므로 '같음'자체는 같은 것들과 닮을 수도 있고, 닮지 않을 수도 있지 않겠나?"

"네, 그렇게 생각됩니다."

"그것은 아무래도 상관이 없네. 어쨌든 자네가 어떤 것을 보고 다른 것을 생각해낸다면, 그 양자가 닮았거나 닮지 않았거나 분명히 그것은 일종의 상기가 아니겠는가?"

"그렇습니다."

"그렇다면 만일 나무나 그 밖의 어떤 물체들의 같음을 '같음 자체'란 관점에서 볼 때에도 같다고 할 수 있겠는가? 아니면 같음에 근접하기는 해도 '같음 자체'에는 훨씬 미치지 못한다고 보는가, 혹은 전혀 모자람이 없다고 보는가?"

"훨씬 미치지 못한다고 봅니다" 하고 시미아스가 대답했습니다.

"그렇다면 우리는, 만약 어떤 사람이 어떤 물건을 보고 그것을 다른 어떤 것과 같게 하려고 하지만 그렇게 할 수 없고 거기에 미치지 못한다는 것을 알게 될 경우, 그 사람은 그것이 비슷하기는 하지만 거기에 미치지 못하는 어떤 다른 것을 미리 알고 있어야 한다는 것을 공감할 수 있지 않을까?"

"그래야 하겠지요."

"그렇다면, 여러 가지 같은 것들과 '같음 자체'에도 맞는 일이 아닐까?"

"그렇습니다."

"그렇다면 우리가 처음으로 실제로 같은 것들을 보고, 그것들이 '같음 자체'에 도달하려고 하지만 그것에 미치지 못한다는 것을 깨닫기 전에, 이미 같음에 대해 알고 있었던 것은 아닐까?"

"그렇습니다."

"더 나아가 우리는 이것 역시 인정해야 할 것이네. 즉, 같음이란 시각이나 감각 혹은 그 밖의 어떤 다른 감각을 통해서만 인식할 수 있다는 것 말일세. 그 밖의 다른 모든 경우에도 마찬가지일 것이네."

"우리의 논의에 비추어보면 그럴 수밖에 없겠지요."

"그렇다면 모든 감각적인 같음이 '같음 자체'에 도달하려고 하지만 제대로 미치지 못한다는 것을, 감각을 통해서만 알 수 있다는 말인가?"

"네, 그렇습니다."

"그렇다면 우리는 보거나, 듣거나, 다른 감각을 사용하기 전에 '같음 자체'가 있다는 인식을 틀림없이 지니고 있었던 걸세. 그렇지 않다면, 감각을 통해 같다고 인식하는 것들이 '같음 자체'를 닮으려고는 하지만 전혀 미치지는 못한다는 사실을 우리가 결코 알 수 없을 것일세."

"논리적으로 그럴 수밖에 없습니다."

"그런데 우리는 태어나는 순간부터 보고 듣는 등의 여러 가지 감각을 사용하기 시작하지 않는가?"

"그렇습니다."

"그렇다면 우리는 태어나기 전에 이미 같음에 대해 인식하고 있었다는 것을 인정해야 할 것이네."

"그런 것 같군요."

"우리가 태어나기 전에 그것을 이미 알고 있었으며, 그것을 갖고 태어났다면, 태어나기 이전이나 직후에 이미 같음이나, 크거나 작은 것은 물론 그 밖의 모든 것들에 대해서도 알고 있었을 것일세. 그러므로 현재 우리들의 논의는 같음뿐만 아니라, '아름다움 자체'와 '선함', '정의로움', '경건함' 등과 같이 '존재 자체'라는 말을 붙일 수 있는 모든 것에 적용되는 것일세. 우리는 분명 이 모든 것에 대해 태어나기 전에 이미 알고 있었다네."

"그렇겠군요."

"그리고 한번 인식한 것은 잊지 않는다면, 우리는 언제나 그런 인식을 갖고 태어날 것이며 또한 평생 그것을 알고 있겠지. 안다는 것은 어떤 것에 대한 인식을 유지하는 것이며, 그것을 잊지 않는 것이니까. 시미아스, 우리는 망각을 인식의 상실이라고 부르지 않나?"

"분명히 그러지요."

"하지만 만약 태어나기 전에 알고 있던 것을 태어나면서 잊어버리고 감각적 훈련을 통해 그것을 되찾는 것이라면, 배워서 안다는 것은 바로 본래 알고 있던 것을 되찾는 것이 아니겠나? 그러니 그것을 상기라고 부르는 것이 옳은 일이 아닐까?"

"그렇군요."

"지금까지의 논의를 통해 분명히 밝혀졌듯, 시각이나 청각 등의 감각기관을 통해 무언가를 지각하게 될 때, 우리는 우리가 잊고 있던 것과 닮거나 닮지 않았다는 것을 생각해내는 일이 가능할 것이네. 다시 말해, 우리는 모두 이러한 인식을 지니고 태어나 그것을 평생 유지하고 있거나, 배움을 통해 전에 알고 있던 것을 상기하게 되는 것이지. 그러니 이러한 배움은 상기이네."

"정말로 그렇습니다."

죽음 이후에도 영혼은 존재한다

"시미아스, 그렇다면 자네는 어떤 것을 택하겠가? 인식을 갖고 태어나는 것일까, 아니면 태어나기 전부터 알고 있던 것을 상기해 내는 것일까?"

"지금으로선, 선택할 수가 없습니다."

"그렇다면, 자신이 어떤 것에 대해 알고 있는 경우, 그것에 대해 완벽하게 설명할 수 있을까? 설명할 수 없을까?"

"당연히 설명할 수 있어야 합니다."

"그렇다면 우리가 지금까지 논의해 온 것을 누구든지 다 설명할 수 있을 것이라고 생각하는가?"

"그럴 수 있다고 생각하지만, 내일 이맘때 쯤이면 이처럼 적절하게 설명할 수 있는 사람은 전혀 없을 것 같습니다."

"시미아스, 그렇다면 자네가 보기에 모든 사람이 이러한 인식을 지니고 있는 것은 아니라고 생각하는가?"

"분명히 그렇습니다."

"그렇다면 그들은 언젠가 배운 것을 상기하는 것이라는 말인가?"

"그래야겠죠."

"우리들의 영혼은 언제 이런 지식을 얻게 되었을까? 분명 세상에 태어난 후는 아닐 텐데."

"태어난 후는 분명 아닙니다."

"그렇다면 태어나기 전이란 말인가?"

"네, 그렇습니다."

"시미아스, 그렇다면 우리의 영혼은 인간의 형상을 취하기 전부터 육체와 독립되어 존재했으며, 지혜도 지니고 있었던 것이네."

"우리가 이런 지식을 태어나는 순간에 얻는 것이 아니라면, 그렇겠지요. 아직 때가 남았으니까요."

"그렇다면 친구여, 그것들을 갖고 태어나지 않았다는 것은 지금 인정했으니, 대체 우리는 어느 때 그것을 잃게 되는 걸까? 얻는 순간에 잃어버리는 걸까? 아니면 자네는 그 밖의 다른 어떤 때를 제시할 수 있나?"

"전혀 제시할 수 없군요. 제가 지금 엉뚱한 말을 하고 있다는 것도 모르고 있었습니다."

"시미아스, 그렇다면 이제 동의를 하게 된 것인가? 만약 우리가 지금까지 이야기해온 아름다움이나 선과 같은 본질이 존재한다면, 그리고 이 모든 것들이 우리가 태어나기 전에 이미 존재하며, 또 우리가 지금 소유하고 있다는 것을 감각을 통해 알게 되었다면, 필연적으로 우리의 영혼도 우리가 태어나기 전에 존재하고 있었다는 것이 아니겠나? 만약 그렇지 않다면 우리의 논증은 부질없는 것이 되어버리지 않겠나? 그러므로 우리가 태어나기 전부터 다른 것들과 마찬가지로 우리의 영혼도 존재하고 있었다고 해야 하지 않겠나? 다른 것들이 없다면 영혼도 없는 것 아니겠나?"

시미아스가 말했습니다.

"소크라테스, 이제 저는 이제 그러한 것들이 존재한다는 것에 논리적 필연성이 있다고 확신합니다. 이제 우리들의 논의는 선생님께서 언급하신 본질들이 존재하듯 영혼도 우리들이 태어나기 전에 존재했다는 것을 입증하게 되었습니다. 이제 저는 선생님께서 말씀하신 아름다움과 선을 비롯한 모든 것들이 존재한다는 것을 명확히 인식하게 되었습니다. 적어도 저는 그것이 충분히 입증되었다고 생각합니다."

"하지만 케베스는 어떻게 생각할까?" 하고 소크라테스가 말씀했습니다. "케베스도 납득시켜야 할 텐데."

"그도 충분히 납득했을 것입니다. 비록 그가 논쟁에 있어 누구보다 완고한 사람인 것은 사실이지만, 그도 우리의 영혼이 태어나기 전에 이미 존재한다는 것을 충분히 납득하고 있을 것입니다. 하지만 죽음 이후에도 영혼이 존재한다는 것에 대해서는 저도 아직 충분히 납득하지 않고 있습니다. 케베스가 지금 말했듯이 영혼은 죽는 순간에 흩어지며, 그것이 영혼이라는 존재의 마지막이라고 생각하는 사람들이 많다는 것이 걸리는군요. 영혼이 다른 어떤 곳에서 생성되어 인간의 육체에 들어오기 전에 존재하고 있었다 해도, 일단 사람의 몸에서 떠나는 순간 소멸된다는 것을 부인하지 못할 근거는 무엇일까요?"

"시미아스, 좋은 지적이네" 하고 케베스가 말했습니다. "우리가 태어나기 전에 영혼이 존재했다는 것은 반쯤은 증명되었다고 생각하네. 하지만 이 논증이 완성되려면 우리가 죽은 후에도 영혼이 존재한다는 것까지 증명되어야 할 것 같네."

그러자 소크라테스가 말했습니다.

"시미아스와 케베스, 살아 있는 것은 모두 죽은 것으로부터 온다고 동의했던 지금까지의 논의와 연결시켜본다면 증명은 이미 다 된 것 아닌가? 만약 영혼이 태어나기 전에 이미 존재하며, 태어나 생명을 갖게 된다면 그것은 죽음으로부터 그리고 죽은 상태로부터 생성된 것일 수밖에 없으며, 다시 생성되어야 한다면 죽은 후에도 존재한다는 것 또한 분명한 사실이네. 자네가 원하는 것은 이미 입증된 것이네.

자네들은 마치 영혼이 바람에 날려 산산이 흩어지지 않을까 염려하는 어린이처럼 논의를 더 철저하게 이끌어보려는 것으로 보이는군. 그래서 바람 없는 평온한 날이 아니라 폭풍우가 밀어닥칠 때 죽으면 더욱 쉽게 흩어지는 것은 아닐까 생각하는 것처럼 말일세."

케베스가 웃으며 말했습니다.

"우리가 그것을 두려워하고 있다고 여기시고, 결코 그렇게 되지 않는다는 것을 조금 더 가르쳐주십시오. 우리가 두려워하는 것이 아니라, 우리 내부에 공포심을 지닌 어린 소년이 있다고 생각하시고, 그 소년이 죽음을 두려워하지 않도록 설득시켜 주십시오."

소크라테스가 말씀했습니다.

"그렇다면 소년의 두려움이 진정될 때까지 매일 마법의 노래를 불러주어야 할 걸세."

"하지만 선생님께서는 이제 곧 떠나실 텐데, 우리는 어디에서 두려움을 물리쳐줄 훌륭한 마술사를 찾을 수 있겠습니까?"

"케베스, 그리스는 넓다네. 여기에는 훌륭한 인물도 많고 또 자네들이 두루 찾아보아야 할 외국도 많이 있네. 그런 마술사를 찾는 데 있어, 돈이나 노력을 아껴서는 안 되네. 그리고 자네들 가운데서도 그런 사람을 찾아야 하네. 자네들보다 그런 일에 대해 더 잘 알고 있는 사람을 찾지 못할 수도 있기 때문이네."

"꼭 그렇게 하겠습니다. 하지만 괜찮으시다면 중단되었던 이야기를 계속해주셨으면 좋겠습니다."

보이는 것은 변하지만 보이지 않는 것은 똑같다

"그렇게 하도록 하지. 우리는 스스로에게 이런 질문을 해야 하네. 즉, 흩어진다는 것 때문에 우리가 두려워하는 것은 어떤 것인지, 또는 흩어지지 않기 때문에 전혀 두려워할 필요가 없는 것은 어떤 것인지를 따져보아야 하네. 그리고 나서 우리의 영혼이 그중 어느 것에 속하는지 생각해보아야 하네. 그렇게 되면 우리들의 영혼에 대해 희망을 품을 것인지, 두려움을 가질 것인지 분명히 알게 될 걸세."

"그렇겠군요."

"합성물의 형태로 되어 있는 것은 합성되었기 때문에 그것이 합성될 때와 똑같은 방법으로 분해될 것을 걱정하는 것이고, 다른 것과 전혀 합성되지 않고 독립적으로 존재하기 때문에 분해될 것을 걱정하지 않는 것이 아닐까?"

"그럴 것 같습니다."하고 케베스가 대답했습니다.

"그렇다면 언제나 똑같은 모양으로 똑같은 상태를 유지하는 것은 합성되지 않은 것이지만, 항상 변화하기 때문에 절대로 똑같은 상태에 있지 못하는 것은 합성된 것이라고 할 수 있지 않겠나?"

"저도 그렇게 생각합니다."

"그렇다면 조금 전의 논의로 돌아가 보기로 하세. 우리가 우리의 논의에서 본질 자체라고 정의했던 것들은 언제나 똑같은 것일까, 아니면 때때로 변화하는 것일까? 즉 같음 자체와 아름다움 자체와 같은 것들은 아주 미세하더라도 변화하는 것일까? 아니면 언제나 변치 않는 모습으로 독립적으로 존재하며 똑같은 모습, 똑같은 상태를 유지하면서 어떤 환경에서도 아무런 변화도 하지 않는 것일까?"

케베스가 대답했습니다.

"그것들은 언제나 똑같은 모습과 상태로 있을 것입니다."

"그렇다면 사람이거나 말들, 의복 등과 같이 아름답다고 이야기되는 수많은 아름다운 것들은 어떨까? 그것들은 언제나 변하지 않고 똑같을까? 아니면 그것들은 그 자체로나 서로 작용하며 언제나 변화하면서 똑같은 적이 거의 없는 것은 아닐까?"

케베스가 대답했습니다.

"그것들은 분명히 늘 변하고 있습니다."

"이러한 것들은 만지거나 볼 수 있거나 그 밖의 감각기관을 통해 인식할 수 있지만, 언제나 똑같은 것들은 보이지 않기 때문에 생각의 작용이 아니고서는 알아차리지 못하지 않는 것 아닌가?"

"분명히 그렇습니다."

"그렇다면 눈에 보이는 것과 보이지 않는 두 가지 종류가 존재한다고 가정할 수 있을까?"

"그럴 수 있겠지요."

"보이는 것은 늘 변하지만, 보이지 않는 것은 언제나 똑같은 것이겠지?"

"그럴 것입니다."

"자, 그렇다면 우리들에게 육체와 영혼 외에 또 무엇이 있을까?"

"그 밖에는 없습니다."

"그렇다면 육체는 어떤 것과 더 비슷하고, 가깝다고 해야 할까?"

"그것은 분명, 누구에게나 보이는 것입니다."

"그렇다면 영혼은 어떠한가? 보이는 것인가, 보이지 않는 것인가?"

"사람에게는 보이지 않는 것이지요."

"하지만 우리가 보인다 혹은 보이지 않는다고 말하는 것은 인간의 특성에 따른 것이겠지? 자네는 그 밖의 다른 특성이 있다고 생각하나?"

"인간의 특성뿐이 없습니다."

"그렇다면 영혼은 보이는 것인가, 보이지 않는 것인가?"

"보이지 않는 것입니다."

"보이지 않는 것인가?"

"그렇습니다."

"그러면 영혼은 육체에 비해 보이지 않는 것에 가깝고, 육체는 보이는 것에 가깝다는 말이겠지?"

"당연히 그렇습니다."

"그렇다면 조금 전에 이야기했듯이, 영혼이 어떤 것을 감지하기 위해 육체를 사용할 때, 영혼은 끊임없이 변화하는 육체에 이끌려 방황하며 혼란에 빠져 마치 술에 취한 것처럼 비틀거리고 있는 것은 아닐까?"

"분명히 그렇습니다."

"그러나 영혼 그 자체만으로 생각해본다면, 영혼은 순수하고 영원한 불멸의 변화하지 않는 세계로 다가가는 것이 아닐까? 그러한 세계는 영혼과 동질이므로 영혼이 육체의 방해에서 벗어나 그 자체로서 존재하는 한 영혼은 더 이상 방황하지 않고 그러한 것들과 관계하며 언제나 똑같은 상태로 머물게 될 걸일세. 이러한 영혼의 상태를 지혜라고 부르는 것 아니겠는가?"

"모든 면에서 훌륭하고 진실이 담긴 말씀입니다."

"그렇다면 지금까지의 이야기들로 미루어보아, 영혼은 두 가지 중 어느 것과 더 닮았고 또 밀접한 관계가 있다고 생각하는가?"

"제아무리 아둔한 사람일지라도 지금까지의 추론을 통해 영혼은 모든 면에서 지속적으로 변하지 않는 것에 더욱 가깝다는 것을 인정할 것입니다."

"그렇다면 육체는 무엇과 비슷한가?"

"육체는 변하는 것에 더 가깝습니다."

"그렇다면 영혼과 육체가 결합되었을 때, 자연은 영혼에겐 지배하고 통치하는 역할을, 육체에겐 복종하고 섬기는 역할을 주었다는 것도 생각해보게. 그렇다면 둘 중의 과연 어느 것이 신성에 가깝고 어느 것이 유한한 인간에 가까울까? 자네는 신적인 것은 명령하고 지배하며, 유한한 존재는 복종하고 섬기는 것이라고 생각하지 않는가?"

"그렇게 생각합니다."

"그렇다면 영혼은 어느 것을 닮았을까?"

"분명 영혼은 신적인 것을 닮았고, 육체는 유한한 것을 닮았습니다."

"그렇다면 케베스, 이것이 결국 지금까지 우리가 논의했던 모든 것으로부터 도출된 결론인지 아닌지 생각해보게. 즉, 영혼은 신성과 불멸성, 지혜와 불변함과 영속성을 갖추고 언제나 똑같은 상태를 견지하지만, 육체는 그와는 달리 인성과 유한함, 아둔함과 잡다함과 단절성으로 인해 절대로 똑같은 상태를 유지할 수 없는 것이네. 케베스, 그렇지 않다고 증명할 수 있을까?"

"없습니다."

"만약 그렇다면 육체는 급속히 분해되지만, 그 반면에 영혼은 전혀 혹은 거의 분해되지 않는 것이 아닐까?"

"분명히 그렇습니다."

"사람이 죽으면 눈으로 볼 수 있으며 시체라 불리는 가시적인 육체는 분해되고 소멸되겠지만, 즉시 그렇게 되지는 않고 상당한 시간 동안 머물러 있게 되지. 특히 건강한 상태였다거나 젊은 나이에 죽었다면 더욱 그렇지. 그리고 이집트에서 그랬듯이 시체에 향료를 바르고 건조시키면, 거의 믿을 수 없을 만큼 오랜 시간 동안 원상태를 유지할 수 있지. 그리고 썩는다 해도 뼈나 힘줄 같은 부분은 어느 정도는 불멸이라고 할 수도 있지 않겠나?"

"그렇습니다."

"그러나 눈에 보이지 않는 영혼은 그 자체를 우월하고 순수하며 비가시적이어서 선하고 지혜로운 신이 머무는 진정으로 비가시적인 세상으로 가는 것일세.(그것이 신의 뜻이라면 나의 영혼도 즉시 그곳으로 가겠지) 우리들의 영혼이 그러한 특성을 지니고 있는데 모든 사람들이 주장하듯이 육체를 떠나 흩어지고 소멸할 것인가를 나는 묻고 싶네. 절대로 그렇지 않다네, 시미아스, 그리고 케베스.

오히려 진실은 그와 다르겠지. 특히 세상에 사는 동안 육체와 섞이지 않고 육체와 관련된 것을 받아들이지 않고 순수한 상태에 머물며, 육체를 멀리하고 그 자체 속으로 모여 끊임없이 연구했다면 (하지만 이것은 제대로 철학을 연구하는 방법은 아니지. 사실 철학

160

은 쉽게 죽는 방법을 연구하는 것이거든) 말일세. 철학은 어떻게 죽을 것인가를 연구하는 것 아닌가?"

"분명 그렇습니다."

"그렇다면 영혼은 그 자체와 닮은 비가시적이며 신성하고 불멸의 지혜로운 곳을 향해 떠나는 것이 아닐까? 그곳에 도착하면 실수와 어리석음과 공포 같은 인성을 지배하고 있는 모든 사악함에서 벗어나 행복해질 수 있는 곳으로 말일세. 앞서 이야기했듯이 남은 시간 동안 신들과 함께 보내게 될 진정한 통로가 아닐까? 케베스, 사실이 그렇다는 것에 대해 동의할 수 있을까?"

"그렇습니다."

"그러나 육체를 떠날 때 더럽혀져 순수하지 못하고, 언제나 육체와 결합하여 육체를 섬기고 사랑하며 수많은 욕망과 쾌락에 현혹된 영혼이, 진리는 오직 손과 눈만으로 만져지고 볼 수 있으며 정욕에 휩싸인 육체적인 것에만 있다고 믿는 영혼이, 육체의 눈이 아닌 오직 철학적인 안목으로만 깨달을 수 있는 지혜를 미워하고 두려워하고 회피하는 영혼이, 어떻게 오염되지 않은 채 육체를 떠날 수 있다고 생각하는가?"

"절대 그럴 수는 없지요."

"그런 영혼은 끊임없이 육체와 교류하고 육체적인 일에만 몰두하여, 마침내는 그 본성으로 육체적인 특성을 지니게 될 걸세."

"분명 그렇겠지요."

"육체적인 것은 갑갑하고 무거우며, 세속적이고 가시적인 것일세. 그러므로 보이지 않는 것과 하데스를 두려워하므로 그러한 영혼은 그 무게로 인해 다시 가시적인 세계로 끌려 나와 무덤가를 배회하게 되는 것이네. 가끔 보이곤 했던 환영들은 바로 깨끗해지지 못한 채 육체를 떠나 눈에 보이게 된 영혼의 유령들일세."

"그런 것 같군요."

"실제로 그렇다네 케베스. 그것들은 선한 영혼이 아닌 사악한 영혼일세. 그런 영혼들은 지난날의 악한 행위로 인해 그런 장소를 배회하는 벌을 받는 걸세. 그처럼 배회하다가 마침내는 끊임없는 육체적인 갈망의 유혹을 이기지 못해 마침내 또 다른 육체 속에 갇히게 되는 걸세. 그리하여 그 영혼들은 전생에서의 여러 가지 악습에 또다시 매이게 되는 걸세."

"어떤 악습들인가요?"

"예를 들자면, 폭식을 한다든지, 변덕스럽다던지, 폭음을 하는 등의 습성이지. 스스로 그러한 악습을 자제하지 못한 사람들은 당나귀나 그와 비슷한 짐승들 같은 형상으로 태어날 것이네. 자네 생각은 어떤가?"

"그럴 것 같군요."

"그리고 부정하고 폭력적이며 강탈을 좋아하는 사람들은 늑대나

매나 솔개 같은 것으로 태어나지 않겠나? 그런 영혼이 다른 곳으로 갈 수나 있겠나?"

"의심의 여지 없이 그럴 것 같습니다."

"그렇다면 그 밖의 것들 역시 자신들이 추구하는 것과 어울리는 곳으로 가게 되지 않을까?"

"분명히 그럴 것입니다."

"그렇다면 철학이나 성찰 없이 관습과 훈련을 통해 생성되는 절제와 정의라는 사회적이고 겸손한 미덕을 쌓은 사람들이 가장 행복한 사람들이며 그들이 가장 훌륭한 곳으로 가는 것이 아닐까?"

"어떤 점에서 그들이 가장 행복합니까?"

"그들은 꿀벌이나 개미 같은 사회적이며 평화로운 종류의 동물로 다시 태어나거나, 똑같은 인간으로 환생하여 온건한 사람이 될 수도 있기 때문이네."

"그럴 수도 있겠군요."

"하지만 철학을 탐구하지 않았거나 또 완벽하게 순수해지지 않은 채 떠난 영혼들은 신들과 함께 할 수 없으며, 오직 지혜를 사랑하는 자만이 그럴 수 있지. 시미아스와 케베스, 이런 이유 때문에 올바르게 철학하는 사람들은 모든 육체적 욕망을 삼가고 저항하며 빠져들지 않는 것이네. 보통의 사람들이나 재물을 사랑하는 사람들처럼 재산을 잃고 가난해질 것을 두려워해서가 아니며, 또한 권

력과 명예를 사랑하는 사람들처럼 불명예나 악평을 두려워해서도
아니라네."

"그렇겠지요."

"케베스, 그러므로 자신들의 영혼을 보살피고, 일생을 육체의 습
관 속에서 소모하지 않는 사람들은 육체적인 모든 것들을 경시하
여, 어디로 가는지도 알아차리지 못하는 육체와 같은 길을 가지 않
을 걸세. 오히려 그들은 철학과 반대되는 행동은 해서는 안 된다는
것을 확신하므로 철학이 제공하는 자유와 정의와 조화를 이루며 철
학이 어떤 곳으로 이끌던지 그 방향을 따라갈 것이네."

"어떻게 그럴 수 있을까요?"

"지혜를 사랑하는 사람들은 철학이 자신들의 영혼이 육체 속에
갇혀 있으며 모든 사물을 직접 스스로 바라보지 못하고 마치 감옥
의 창살을 통해서만 내다보듯 육체를 통해서만 바라볼 수 있으며,
완전한 무지 속에서 빠져 있다는 것을 인식하며, 또한 욕망으로 인
해 생겨나는 감옥의 엄혹함도 알아 육체에 매달릴수록 스스로를 속
박하게 만드는 것임을 깨달을 수 있게 하기 때문이네.

지혜를 사랑하는 사람들이 알고 있듯, 철학은 그처럼 갇혀 있는
영혼을 타일러 속박에서 벗어나게 한다네. 철학은 영혼으로 하여
금 눈이나 귀와 같은 모든 감각기관들은 속기 쉽다는 것을 알게 해
주고 그것들로부터 자유로워질 것을 권유하며, 꼭 필요한 경우가

아니라면 그것들 대신 스스로 모으고 집중하도록 권유하여 자기 자신을 믿는 것을 통해 진실한 존재를 스스로 이해할 수 있도록 한다네.

그리고 다른 것을 통해 보이거나, 시시때때로 변하는 것들은 신뢰하지 않도록 해준다네. 그러한 것들은 보고 만질 수 있는 것들이지만, 영혼 스스로 인식하는 것은 지성에 의해 알 수 있는 것이며 눈에 보이지 않는 것이기 때문이라네. 그러므로 진실한 철학자의 영혼은 이러한 해방을 거부해서는 안 된다고 생각하며, 따라서 최대한 육체의 쾌락과 욕망과 슬픔과 공포를 멀리하도록 노력한다네.

어떤 사람이 과도하게 기뻐하거나 놀라거나 슬퍼하거나 혹은 욕망에 휩싸이게 되면, 병에 걸린다거나 재산을 탕진하는 등의 일반적으로 예측할 수 있는 불행으로 고통을 겪을 뿐 아니라, 의식하지도 못하는 사이에 훨씬 더 고통스러우며 가장 최악의 불행을 겪게 된다는 것을 미리 알기 때문이라네."

"그 최악의 불행이란 대체 무엇입니까?"

"모든 사람의 영혼은 어떤 특정한 것들에 대해 격렬하게 기뻐하거나 슬퍼하게 되어 있고, 동시에 그처럼 강하게 영향을 끼치는 것을, 실제로는 그렇지 않음에도 불구하고 가장 현실적이며 가장 진실된 것으로 생각하게 되네. 하지만 이런 것들은 대부분 가시적인 것들이지 않나?"

"그렇습니다."

"바로 이러한 상태에서 영혼이 육체에 의해 특히 심하게 속박당하는 것 아닌가?"

"왜 그렇게 되는 거죠?"

"쾌락과 고통은 못을 품고 있어서 영혼을 육체에 못박아 옴짝달싹 못하도록 육체적인 것으로 만들며, 육체가 주장하는 것은 무엇이든 진실로 받아들이게 한다네. 육체와 똑같은 의견을 갖게 된 결과로, 육체가 기뻐하는 것을 기뻐하는, 육체와 같은 태도를 지님으로써 결코 순수한 상태로 하데스로 들어갈 수 없게 된다네. 더럽혀진 상태로 육체를 떠날 수밖에 없으므로 재빠르게 다른 육체로 옮겨가 그곳에서 자랄 수밖에 없고 신성하고 순수하며 불변하는 모든 것들과의 관계에서 배제되는 것일세."

"그렇겠군요."

"케베스, 세상 사람들이 말하는 것과는 달리, 진정으로 지혜를 사랑하는 사람들은 이러한 이유 때문에 절제있고 단호하지. 자네도 그렇게 생각하는가?"

"물론이지요."

"철학자의 영혼은 철학이 영혼을 해방시켜 준다는 것을 알기 때문에 영혼을 쾌락이나 고통의 사슬에 내맡겨, 페넬로페가 옷을 짜고 다시 실을 풀었던 것처럼* 육체가 풀어헤친 실을 다시 짜는 것 같은 일은 되풀이하지 않는다네. 오히려 열망을 가라앉히고 이성의 안내에 따라, 언제나 이성만을 지향하면서, 이성만이 진실되고 신성하다고 생각한다네.

그렇게 성장한 영혼은, 최대한 이와 같이 사는 것이 옳으며, 죽은 후에는 자신과 닮은 실체가 있는 곳으로 가서 인간적 고통에서 벗어나게 된다고 생각하는 것이지. 시미아스와 케베스, 이렇게 양성된 영혼은 두려워하는 법이 없네. 이러한 것들을 엄격하게 추구한 영혼은 몸을 떠날 때 여러 조각으로 찢겨져 바람에 흩날려 사라지지 않는다네."

시미아스와 케베스의 의문

소크라테스가 말을 마치자 오랜 침묵이 흘렀습니다. 우리들 대부분도 마찬가지였지만, 소크라테스도 자신이 지금까지 이야기한

---

* 페넬로페는 오디세우스의 아내로, 「오디세이아」에 의하면 트로이 원정 후 돌아오지 않는 남편을 기다리던 그녀는 다른 구혼자들의 구혼을 거절하기 위해 한 폭의 천을 다 짤 때까지 남편이 돌아오지 않으면 그때 구혼에 응하겠다고 말한다. 그리고 남편이 돌아올 때까지 낮에는 천을 짜고 밤에는 실을 풀었다고 한다.

것들에 대해 깊은 생각에 잠긴 것 같았습니다. 다만 케베스와 시미아스만이 조금 더 이야기를 나누었을 뿐입니다. 마침내 소크라테스가 이야기를 나누고 있던 그들에게 말했습니다.

"지금까지 말한 것들에 대해 어떻게 생각하나? 충분히 입증이 되었다고 생각하는가? 조금 더 철저히 파고 든다면 아직도 많은 의문과 반론이 있을 것이네. 자네들이 지금 다른 주제를 생각하고 있다면 내가 할 말은 없지만, 만약 지금 논의하는 것에 대해 의문이 남아 있다면 주저하지 말고 자네들의 의견을 말해보게. 좀더 좋은 논증이 필요하다고 생각했던 점이 있거나, 자네들에게 도움이 된다고 생각하는 것이 있다면 말해주게."

그러자 시미아스가 말했습니다.

"사실은 우리들은 의문점이 있는 것들에 대해 선생님께 여쭈어 보라고 서로 권하고 있었습니다. 우리의 의문점들을 풀고 싶기는 하지만, 지금과 같은 상황에 있는 선생님께 심려를 끼쳐드리지는 않을까 걱정하고 있었습니다."

소크라테스는 그 말을 듣고 미소를 지으며 말씀했습니다.

"당치도 않네, 시미아스. 내가 자네들마저 납득시키지 못하고, 내가 과거의 그 어느 때보다 괴로워하고 있다고 생각하도록 한다면, 내가 지금의 내 처지를 불행으로 생각하지 않는다는 것을 세상 사람들에게 납득시키는 것은 더욱 힘들지 않겠나.

자네들은 내가 앞날을 예측하는 데 있어 백조보다 못한 사람으로 생각하는 것 같군. 백조는 죽을 때를 느끼게 되면, 자신들이 섬기는 신에게로 떠나게 된 것을 기뻐하여 평소보다 더 즐겁게 노래를 한다네. 하지만 죽음을 두려워하는 인간들은 백조들도 자신들의 죽음을 슬퍼하여 슬픔에 찬 마지막 노래를 한다고 생각하지. 인간들은 꾀꼬리나 제비나 종달새가 춥거나 배고프거나 그 밖의 어떤 고통에도 울지 않는다는 것은 생각하지도 못하면서 슬퍼서 우는 것이라고 말하지.

나는 이런 새들은 물론 백조도 절대 슬퍼서 우는 것이라고 생각하지 않네. 나는 아폴론 신의 사자인 백조들은 예견력이 있어서 하데스의 축복을 예견하기 때문에 그날이 오면 어느 때 보다 더 아름답게 노래하는 것이라고 생각하네. 나 또한 백조와 똑같은 신을 섬기는 종이며, 똑같은 신으로부터 백조 못지 않은 예언 능력을 부여받았기 때문에 백조만큼이나 즐거운 마음으로 이 세상을 떠나려는 것이네. 그러므로 아테네의 11인 위원회가 허용하는 동안 무엇이든 내키는 대로 묻고 이야기를 해주게."

"알겠습니다." 시미아스가 말했습니다. "그렇다면 저는 제가 품고 있는 의문점들을 말씀드리고, 케베스는 지금까지 논의된 것 중에서 동의하지 않는 점들을 말씀드리기로 하겠습니다.

이러한 문제들에 대하여 현세에서 명확히 아는 것은 불가능하거나 매우 어려운 일이라고 생각되지만, 또한 그것들을 철저히 밝히지 않거나 끝까지 추구하지 않고 포기한다면 매우 나약한 사람일 것입니다. 인간의 의무는 그러한 문제를 스스로 해결하거나 남에게 배워 진실을 밝히는 두 가지 중 하나라고 생각합니다. 또한 그러한 것이 불가능할 경우 가장 논박하기 어려운 인간이 생각해낸 최상의 이론을 받아들인 후 뗏목에 올라타 표류하듯 일생동안 항해해야 한다고 생각합니다. 비록 확신에 찬 항해도 아니고 신의 뜻에 의한 것도 아니어서, 보다 더 안전하지도 않고 보다 더 위험하겠지만 그렇게 해야만 한다고 생각합니다.

선생님께서 그렇게 말씀해 주셨으니 부끄러워 하지 않고 여쭤보겠습니다. 그렇게 해야 훗날 묻지 못했던 것을 후회하지 않을 테니까요. 케베스와 함께 지금까지 논의되었던 문제에 대해 생각해보았지만 아직 충분히 입증된 것으로 보이지는 않습니다."

그러자 소크라테스는 이렇게 말씀했습니다.

"자네 말이 옳을 수도 있겠지만, 어떤 점에서 충분히 입증되지 않았다는 것인지를 말해주게."

영혼은 화음과 같이 육체보다 먼저 소멸하는 것이 아닌가

"어떤 사람이든 악기의 화음에 대해 똑같은 논법을 사용할 수 있을 것이기 때문입니다. 즉, 훌륭하게 조율된 악기에서 울려나오는 화음은 비가시적이며 물질적이 아닌 것으로서 아름답고 신성하지만, 악기와 그것의 현은 육체적인 것이므로 세속적으로 합성되어 있어 소멸하게 될 성질을 갖고 있다는 것입니다.

선생님의 논법에 따르면, 어떤 사람이 악기를 부수거나 현을 끊었을 때 화음은 파괴되지 않고 필연적으로 존재해야만 한다고 주장해야 할 것입니다. 화음이 파괴되면 악기는 더 이상 존재할 수 없는 것이니까요. 그런데 소멸할 성질을 지닌 현은 존재하게 되지만 신성과 불멸의 성질을 지닌 화음은 사라지고 맙니다. 소멸할 성질을 지닌 것보다 먼저 사라지게 되지요. 하지만 그 사람은 화음이 어딘가에 존재하고 있을 것이며, 나무와 현은 어떤 변화를 시도하기 전에 썩어버릴 것이라고 할 것입니다.

제 생각에 선생님께서는 바로 이런 결론에 도달하셨고, 우리는 이제 영혼을 이런 종류의 것이라고 생각하고 있습니다. 말하자면, 우리의 육신은 열기과 냉기, 마른 것과 습한 것 등과 같은 성질들이 한데 뒤섞여 있으며, 우리의 영혼은 이러한 성질들이 서로 조화를 이루며 섞여 있는 것이라는 것입니다. 만약 그렇다면 영혼은 화음과 같은 것이어서, 우리들의 육체가 질병과 같은 것으로 인해 지나치게 느슨해지거나 너무 팽팽하게 되어 적절한 균형을 이루지 못한다면, 영혼이 비록 신성을 지니고 있다 해도 음악이나 다양한 예술작품에 존재하는 화음이 그렇듯이 필연적으로 즉시 소멸해버리고 말 것입니다.

하지만 육체의 잔해들은 태워지거나 썩기 전까기 아주 오랫동안 남아 있을 것입니다. 그렇다면 누군가 영혼이란 육체가 지닌 몇몇 가지 성질들의 연합체이므로 이른바 죽음이 다가오면 가장 먼저 소멸되는 것이라고 주장한다면 어떻게 대답해야 할까요?"

소크라테스는 평소처럼 우리들을 가만히 바라보며 미소를 지었습니다.

"시미아스의 말도 지극히 옳다네. 그렇다면 자네들 중에 누군가가 나보다 더 쉽게 대답해줄 사람은 없는가? 시미아스가 나의 주장을 제대로 다루고 있다고 생각하는가? 하지만 대답을 하기 전에 시미아스처럼 우리들의 주장을 받아들이지 않는 케베스의 의견을 들어봐야 할 것 같네. 그의 말을 듣는 동안 우리가 어떤 대답을 해야 할지 생각도 할 수 있고, 그들의 말을 들으면서 그 의견에 동의할 수도 있고, 만약 그렇지 않다면 우리의 주장을 펼 수도 있을 테니까 말이네. 자, 케베스. 자네가 믿지 못하게 방해하는 것들에 대해 이야기해 주게."

영혼은 마지막 육체의 죽음과 함께 소멸하는 것이 아닌가

케베스가 말했습니다.

"제가 말씀드리겠습니다. 제 생각에 우리들의 논의는 원래의 자리에 머물고 있으며, 앞서 언급되었던 불만들이 여전히 남아 있는 것 같습니다. 저도 부정하지 않듯이, 우리의 영혼이 현재의 형상을 갖추기 전에 이미 존재한다는 것은 충분히 증명되었지만, 죽은 이후에도 어디엔가 존재한다는 것은 아직 증명되지 않았다고 생각합니다.

하지만 영혼이 육체보다 강하지 못하고 오래 존속하지도 않는다는 시미아스의 반론에도 동의하지도 않습니다. 영혼이 모든 면에서 육체를 훨씬 능가한다고 생각하니까요. 그래서 이런 질문이 제기될 수도 있을 것입니다. '당신은 사람이 죽을 때, 보다 약한 부분이 여전히 존재하는 것을 보면서 여전히 믿지 못한다는 말인가? 보다 더 오래 있어야 할 부분이 그 기간 동안 당연히 존속하고 있어야만 한다고 생각하지는 않는가?'이 질문에 대한 저의 대답이 옳은 것인지 알려주십시오.

저 또한 시미아스와 마찬가지로 어떤 비유가 필요할 것 같습니다. 지금의 주장은 마치 베짜는 사람이 나이가 들어 죽었을 때, 어떤 사람이 그 사람은 아직 소멸하지 않았고 여전히 어딘가에 존재하며, 그 증거로써 그가 짜서 만들어 입었던 옷이 온전하게 사라지지 않고 있다는 것을 제시하는 것과 비슷하다고 생각하기 때문입니다. 이 말을 믿지 않는 사람이 있다면, 사람과 옷 중 어느 것의 수명이 더 긴가를 물어볼 수 있을 것입니다. 그래서 사람의 수명이 더 길다고 답변한다면, 사람보다 수명이 짧은 것도 남아 있으므로, 결과적으로 사람도 존재하고 있다는 것이 충분히 입증되었다고 생각할 것입니다.

하지만 시미아스, 나는 그렇게 생각하지 않네. 누구나 그렇게 주장하는 사람을 어리석다고 말할 것이 틀림없다고 생각하기 때문이네. 그 베짜는 사람은 수많은 옷을 지어서 입기도 하고 버리기도 했을 것이고, 가장 나중에 짠 옷이 낡기 전에 그가 죽었을 경우 그 옷이 사람보다 분명 오래 갈 것이지만, 사람의 수명이 옷보다 짧거나 약하다는 것은 아니기 때문이라네.

영혼과 육체의 관계에도 이런 비유를 똑같이 적용할 수 있을 것입니다. 영혼은 오래 지속되지만, 육체는 약하며 수명도 짧다고 말할 수 있으므로, 특히 영혼이 오래 사는 경우라면, 각각의 영혼들은 수없이 육체라는 옷을 입었다가 버린다고 할 수도 있을 것입니다. 사람이 살아 있는 동안 육체는 소모되어 해체되지만, 영혼은 언제나 새 옷을 짜 입기 때문입니다. 하지만 영혼이 소멸될 때, 마지막 옷을 입고 있을 것이며, 그 옷보다 먼저 사라지겠지요. 하지만 이렇게 영혼이 사멸하게 되면, 육체도 곧 그 연약한 본성을 드러내며 즉시 썩어 없어질 것입니다.

그러므로 죽은 후에도 우리의 영혼이 계속 존재한다는 주장을 무조건 믿을 수는 없겠지요. 영혼은 우리가 태어나기 전에도 존재했으며, 죽은 후에도 계속 존재하면서 수없이 태어나기를 거듭하고, 그럴 만한 힘이 있다는 것을 선생님보다 더 확실하게 인정한다 해도, 결국 언젠가는 어떤 육체의 죽음과 함께 사라져버릴 것임을 동의하지 않을 수 없을 것입니다.

하지만 영혼의 파괴를 불러오는 육체의 죽음과 분해에 대해 아는 사람은 아무도 없다고 말할 수도 있겠지요. 우리들 가운데 어느 누구도 그것을 알아차릴 수 있는 능력을 가진 사람은 없으니까요. 하지만 영혼이 확고하게 불멸하며 결코 소멸되는 일이 없다는 것을 증명할 수 없다면, 죽음이 다가오는 것을 두려워하지 않는 사람은 잘못된 확신을 갖는 것이 됩니다. 그러므로 이제 막 죽게 된 사람은 지금 육체로부터 분리되려는 영혼이 완전히 소멸될 것이라는 두려움을 가져야만 하는 것입니다."

나중에 서로 확인한 것이지만, 우리는 그들의 반론을 듣고 불쾌해졌습니다. 그 이전의 논리에 전적으로 동의하고 있던 우리를 동요시켜 이미 논의된 것뿐만 아니라 앞으로 논의할 것들에 대해서도 믿지 못하게 만드는 것 같았기 때문입니다. 우리들이 아무것도 제대로 판단할 수 없거나, 이 일들 자체가 믿을 수 없는 것들이 될까 두려워했던 것입니다.

에케크라테스 파이돈, 나도 전적으로 동감합니다. 당신의 이야기를 듣고보니 나 또한 이러한 질문을 던지게 되는군요.

'그처럼 전적으로 옳다고 생각했던 소크라테스의 주장이 믿을 수 없게 되어버린다면 우리는 다른 어떤 주장을 신뢰할 수 있을 것인가?'

영혼이 일종의 조화라는 주장을 무척 인상깊게 받아들이고 있었는데, 지금 그들이 주고받았다는 이야기를 듣고보니 나 또한 그들과 같은 의견을 갖고 있었다는 생각이 드는군요.

다시 처음으로 돌아가, 영혼이 사람의 죽음과 함께 죽지 않는다는 것을 납득시켜줄 또 다른 증거를 찾아내야 할 것 같군요. 그렇다면 소크라테스는 이 논의를 어떻게 진전시켰는지, 그분도 당신들처럼 당황하셨는지 아니면 차분히 자신의 지론을 지키셨는지 말씀해주십시오. 그리고 그분의 주장이 납득할 만한 것이었는지 아니면 부족한 것이었는지 낱낱이 들려주십시오.

스스로가 확고해져야 한다

파이돈 에케크라테스, 나는 언제나 그분에 대해 감탄을 금치 못하는 사람이지만, 그때처럼 즐거웠던 적은 한번도 없었습니다. 그분이 답변을 할 수 있다는 것은 전혀 놀랄만한 일은 아니겠지만, 무엇보다 인상깊었던 건 그 두 젊은이의 반론을 받아들일 때의 온화하고 쾌활하며 흡족해 하는 태도였습니다. 또한 그들의 반론이 우리를 동요시켰다는 것을 곧 알아차리고는 마침내 우리를 다독이고 다시 전의를 가다듬고 토론에 임하도록 만들었습니다.

에케크라테스 어떤 방법으로 그렇게 하셨습니까?

파이돈 제가 말씀드리지요. 마침 그때 나는 침대 오른편에 있던 나지막한 의자에 앉아 있었기 때문에 그분의 위치가 나보다 훨씬 높았습니다. 그분은 그 전에도 자주 내 머리카락을 가지고 장난을 치시곤 했는데, 그때도 내 머리 위에 손을 얹더니 머리카락를 어깨까지 쓸어내리시며 이렇게 말씀했습니다.

"파이돈, 자네는 내일 이 아름다운 머리카락을 자를 것 같은가?*

"그럴 것 같습니다."

---

* 당시에는 머리카락을 자르는 것이 슬픔의 표시였다. 내일이면 소크라테스가 죽은 이후이므로 그의 죽음을 슬퍼하여 머리카락을 자르게 될 것을 짐작하는 것이다.

"만약 내 말을 납득하게 되면 그렇게 하지 않을 걸세."

"왜 그럴 것 같습니까?" 하고 내가 물었습니다.

"만약 우리들의 주장이 죽어버려 되살릴 수 없다면, 오늘 자네나 나나 머리카락을 잘라야 하겠지. 만약 내가 자네라면, 그리고 그 주장이 내게서 도망쳐버렸다면 나 또한 아르고스 사람들*처럼 시미아스와 케베스의 주장을 깨뜨릴 때까지는 절대로 머리카락을 기르지 않겠다는 맹세를 할 걸세."

"하지만 헤라클레스도 한꺼번에 두 사람을 상대로 이기지는 못했다고 하지 않습니까?"

"그렇다면 해가 지기 전에 나를 자네의 이올라오스**라 여기고 도움을 청하게."

"그렇게 하지요. 그러나 저는 헤라클레스가 아닌 이올라오스로서 헤라클레스의 도움을 청하겠습니다."

"어차피 아무런 차이도 없는 걸세. 하지만 우리는 무엇보다 어떤 사태를 겪지 않도록 조심해야 하네."

"어떤 사태 말씀입니까?"

---

* Argeioi, 펠로폰네소스 동쪽에 위치한 곳으로, 이곳 사람들은 옛부터 머리카락을 길게 기르는 것이 풍습이었으나, 기원전 550년 스파르타와 싸워 퀴레아라는 영토를 빼앗긴 후 그곳을 되찾을 때까지 머리카락을 기르지 않겠다고 맹세하였다.

** Iolaos, 헤라클레스의 조카. 헤라클레스가 머리가 아홉 개인 괴물 히드라와 싸우고 있을 때 이올라오스가 도와주었다고 한다.

"사람을 싫어하는 사람이 되는 것처럼, 논의를 싫어하는 사람이 되는 것 말일세. 논의를 싫어하는 것만큼 나쁜 일은 없기 때문이지. 논의를 싫어하는 것이나 사람을 싫어하는 것은 모두 같은 원인에서 생겨나거든.

사람을 싫어하는 일은 어떤 사람에 대해 충분한 지식없이 철썩같이 믿기 때문에 생기는 것일세. 그를 모든 면에서 진실하고 진지하다고 믿다가, 얼마 지나지 않아 그가 사악하며 믿을 만한 사람이 아니라는 것을 알게 되는 거지. 이런 일을 여러 번 겪고 나면, 특히 가장 가깝고 친한 친구들로부터 겪게 되면 결국 번번이 충돌하게 되어 모든 사람들을 미워하게 되고, 세상에는 올바른 사람이 전혀 없다고 생각하게 되겠지. 이런 일을 겪어본 적이 없는가?"

"물론 있습니다."

"그것은 부끄러운 일이 아니겠나? 그런 사람이라면 인간사에 대한 충분한 이해도 없이 인간관계를 맺으려 했다는 것이 분명하지 않겠나? 그가 충분한 지식을 갖고 사람들을 상대했다면, 선인과 악인은 극히 소수이며 대부분의 사람들은 그 중간에 머문다는 생각을 했을 것이네."

"무슨 말씀이신지요?"

"매우 작은 물체나 매우 커다란 물체와 같은 경우일세. 사람이나 개 혹은 그 밖의 어떤 것이든 매우 큰 것과 매우 작은 것은 중간 것보다 더욱더 찾아보기 드물지 않던가? 또한 빠른 것과 느린 것, 아름다운 것과 추한 것, 검은 것과 흰 것 등에서도 그렇지 않던가? 이처럼 모든 것에 있어 극단적인 것은 드물고 적지만 중간적인 것은 흔하고 많다는 것을 인식하지 못하고 있었나?"

"그야 당연히 그렇지요."

"그렇다면 만약 사악한 것끼리 경쟁한다면, 제일 사악한 것은 극히 소수가 아니겠나?"

"그럴 것입니다."

"그렇지만 토론의 경우는 사람의 경우와는 다르다네. 지금까지 자네의 말에 이끌려 여기까지 오게 되었지만, 토론에 정통하지 못한 사람이 어떤 주장을 옳다고 믿어왔다가, 잠시 후에는 그 주장을 거짓이라고 생각하게 된다면, 그리고 그와 같은 일이 거듭된다면 그 사람은 마침내 어떤 주장도 믿지 않게 될 것일세. 자네도 알다시피, 특히 논쟁적인 주장들에 많은 시간을 쏟아붓는 사람들은 스스로를 현명한 사람이라고 자처한다네. 그들은 사물이거나 논의에 있어 확고하고 확실한 것은 아무 것도 없으며, 존재하는 모든 것은, 에우리포스*에서처럼 지속적으로 변화하면서 잠시도 머무는 적이 없다는 사실을 깨달았다고 생각하지."

---

* 에게 해의 에우보이아 섬과 보이오티아 사이의 해협이다. 이곳은 하루에 해류의 방향이 일곱 번이나 바뀐다고 한다.

"지극히 옳은 말씀입니다."

"파이돈, 그렇다면 진실하고 확실한 논리가 있으며 그것을 이해할 수 있는 사람이 있는데도 불구하고, 때로는 옳게 때로는 옳지 않게 생각되는 토론을 수없이 겪었다고 해서, 자신의 능력 부족을 깨닫지 못하고 오히려 그 허물을 토론 자체로 돌려, 마침내 토론들을 모조리 증오하면서 진실을 깨달을 기회를 놓치고 그것과 떨어져 산다는 것은 슬픈 일이 아니겠는가?"

"그건 참 슬픈 일이죠."

"그렇다면 우리가 먼저 의식해야 할 일은, 어떤 토론에 확고한 것이 전혀 없을지도 모른다는 생각이 우리들 마음속에 들어오지 못하도록 해야 하고, 도리어 스스로가 아직 확고하지 못하다는 것을 인정하고, 확고해져야 한다는 생각을 먼저 해야 할 걸세.

자네를 비롯한 다른 모든 사람들은 앞으로 남은 생애를 위해, 그리고 나는 눈앞에 다가온 죽음 때문에 그렇게 해야 하네. 지금 이 순간 나는 철학자로서가 아닌 이기기를 좋아하는 교양없는 사람처럼 이 문제를 다룰 위험에 빠져 있기 때문이네. 그런 사람들은 흔히 논의되고 있는 문제와는 관계없이 무조건 자신의 견해를 받아들이는 것만을 걱정한다네. 지금 이 순간의 내가 그들과 다른 점이 있다면, 여기 있는 사람들이 아닌 바로 나 자신이 확고하게 납득하고 있는지를 걱정한다는 것이네. 그러니 이런 생각을 하고 있는 내가 얼마나 타산적인가! 나의 말이 진실이라면 설득되는 것은 좋은 일이겠지만, 만약 죽은 자에게는 아무것도 남는 것이 없다면, 나는 적어도 죽기 직전의 시간 동안 슬퍼하면서 나의 벗들을 불쾌하게 만들고 싶지 않네.

하지만 나의 무지는 오래 지속되지 않을 것이고, 그건 나쁜 일일 테니까, 잠시 후면 끝나게 될 걸세. 시미아스와 케베스, 나는 이런 준비를 갖추고 나의 주장을 펼치려 하네. 하지만 나에게 설득이 된다면 소크라테스는 신경쓰지 말고 진리를 더 많이 생각해주게나. 내가 진리를 말한다고 생각하면 동의해주되, 그렇지 않다면 힘껏 반론을 펼치도록 하게. 나의 열정으로 인해, 나 자신이나 자네들을 속이는 일이 없도록 해주게. 마치 벌처럼, 자네들에게 나의 침을 남겨놓고 가고 싶지는 않네."

시미아스와 케베스의 의문에 대한 대답

"자, 우선 내가 자네들의 이야기를 잘못 기억하고 있다면 즉시 말해주게. 내 생각에 시미아스는 영혼이 일종의 화음 같은 것이어서 육체보다 더 아름답고 더 신성하지만 육체보다 먼저 소멸하는 것이 아닐까 하는 두려움 때문에 의문을 품고 있는 듯하네.

하지만 케베스는 영혼이 육체보다 더 오래 존재한다는 나의 의견에는 동의하지만, 수많은 육체라는 옷을 되풀이해 갈아입다가 사멸하게 될 때는 마지막 육체는 남겨둔 채로 소멸하는 것이라고 주장했네. 육체는 부패하기를 멈추지 않으므로, 바로 이것이 죽음이며, 영혼의 파멸이라는 것이지. 시미아스와 케베스, 바로 이런 것들이 우리가 논의해야 할 것들 아니겠나?"

두 사람 다 그렇다며 동의했습니다.

"그렇다면 자네들은 우리가 앞서 주장했던 것들을 모조리 받아들이지 않는 것인가, 아니면 그중 일부는 받아들이지만 일부는 받아들이지 않는 것인가?"

"일부는 받아들이지만 일부는 받아들이지 않습니다."

"그렇다면 지식은 상기이며, 그러므로 우리들의 영혼은 분명 육체에 갇히기 전에 어딘가에 존재하고 있었다는 주장에 대해서는 동의하는가?"

케베스가 말했습니다.

"저는 그때 분명하게 설득되었으며 그것에 대해 지금도 다른 어떤 주장보다 더 확실하게 동의합니다."

시미아스도 말했습니다.

"저도 마찬가지입니다. 만약 그 점에 대해 달리 생각하게 된다면 그것은 오히려 대단히 의아한 일일 것입니다."

"그렇다면 나의 테베인 친구들이여, 만약 자네들이 여전히 조화는 무언가 합성된 것이며, 영혼도 여러 가지 육체적 요소들이 합성된 일종의 조화라고 생각한다면, 달리 생각해야만 할 걸세. 조화가 그것을 구성하게 되는 기본적인 요소들보다 먼저 존재한다는 주장은, 분명 자네 자신이 주장했다 해도 인정할 수 없을 것이네. 그런 주장을 인정할 수 있겠나?"

"절대로 인정하지 않을 것입니다."

"하지만 영혼은 인간의 육체라는 형상을 갖추기 전에 존재하지만, 영혼은 아직 존재하지도 않는 것들로 이루어져 있다고 자네가 주장할 경우, 자네가 바로 그렇게 말하고 있는 것임을 인식하고 있는가? 조화는 자네가 비유하고 있는 그런 것이 아니라, 악기와 그 악기의 줄 그리고 아직 조화를 이루지 못한 소리가 먼저 존재하고 마지막으로 만들어지며 가장 먼저 소멸하기 때문일세. 그렇다면 이러한 주장이 앞서 우리가 했던 주장과 일치하는 것일까?"

"전혀 일치하지 않습니다" 하고 시미아스가 대답했습니다.

"하지만, 조화와 관련하여 일치된 주장이 있어야 하겠지?"

"물론 있어야겠지요" 하고 시미아스가 대답했습니다.

"하지만 자네의 주장은 일치하지 않고 있다네. 그렇다면 자네는 지식은 상기라는 견해와, 영혼은 조화라는 견해 중 어느 것을 택할 것인가?"

"지식은 상기라는 견해를 택하겠습니다. 영혼은 조화라는 견해는 일정한 개연성과 그럴듯함으로 인해 많은 사람들이 따르지만 아무런 논증도 거치지 않은 것이기 때문입니다. 하지만 저는 이처럼 그럴 듯한 것들에서 비롯된 주장은 헛된 것임을 잘 알고 있습니다. 그리고 그러한 것들로부터 자신을 지키지 못한다면 매우 기만적인 일이 벌어진다는 것을 기하학이나 그 밖의 모든 분야에서 이미 많이 경험해 보았습니다.

하지만 상기와 지식에 관한 주장은 믿을 만한 전제로부터 입증이 된 것이라고 생각합니다. 영혼은 '그것 자체'에 속한다는 호칭을 갖고 있다는 본질 때문에, 육체로 들어가기 전에 이미 존재한다고 말해지기 때문입니다. 이런 전제를 바탕으로 저 자신을 납득시켰으므로 저는 전적으로 옳은 방법으로 받아들인 것으로 생각합니다. 그러므로 영혼이 조화라는 견해를 저 자신과 남에게 주장해서는 안 될 것으로 보입니다."

"하지만 시미아스, 이렇게 생각해보는 건 어떻겠나? 조화이거나 그 밖의 합성물들이 그것들을 이루고 있는 상태 외의 다른 상태로 존재할 수 있다고 생각할 수 있겠나?"

"결코 그럴 수는 없습니다."

"그렇다면 내가 생각하기로는, 그것들을 구성하고 있는 것들이 작용하거나 겪게 되는 것 말고는 다르게 작용하거나 겪게 되는 일은 절대 없을 것 같은데?"

시미아스는 동의했습니다.

"그렇다면 조화는 그것을 이루고 있는 요소들을 이끄는 것이 아니라, 그것들을 따르는 것이라 해야겠지?"

시미아스는 이에 동의했습니다.

"그렇다면 조화는 그것을 이루고 있는 부분들과 반대로 움직이거나 소리내거나, 그 밖의 다른 어떤 반대되는 상태에 있을 수는 없는 것일세."

"그렇습니다."

"그렇다면 모든 조화는 조율되어 있는 한, 있는 그대로의 조화가 아닐까?"

"이해가 되질 않는군요."

"만약 보다 더 훌륭한 정도로 보다 더 완전하게 조율이 된다면, 그런 것이 가능하다면 조화는 보다 더 훌륭하고 완전하게 이루어지겠지만, 그 반대의 경우라면 조화는 보잘것없고 완전하지 않겠지?"

"분명 그렇습니다."

"그렇다면 영혼의 경우에도 이런 것이 아니겠나? 아주 미미한 경우라 할지라도, 다른 영혼에 비해 보다 더 훌륭하거나 완전하거나 보다 열악하고 불완전한 영혼이 있다고 할 수 있겠나?"

"결코 그럴 수는 없습니다."

"하지만 지성과 덕을 갖추고 있는 영혼은 선하며, 어리석음과 사악함을 지닌 영혼은 나쁘다고 말할 수 있지 않을까? 이렇게 말하는 것이 옳은 것이지 않겠나?"

"그렇습니다."

"그렇다면 영혼을 조화라고 주장하는 사람들은 영혼 속에 있는 미덕과 사악함에 대해서 어떻게 설명해야 하겠는가? 또 다른 종류의 조화와 부조화가 있다고 말할까? 선한 영혼은 조화되어 있으며 자신 안에 또 다른 조화를 지니고 있지만, 악한 영혼은 조화를 이루지 못하고 있으며 그 안에 또 다른 조화를 지니지 못하고 있는 것이라고 말할까?"

시미아스가 대답했습니다.

"저는 어떻게 말해야 할지 잘 모르겠군요. 하지만 영혼은 조화라고 주장하는 사람들은 그런 식으로 말할 것 같습니다."

"하지만 우리는 다른 영혼보다 더하거나 덜한 영혼은 없다는 것을 이미 동의하지 않았나. 이것은 곧 어떤 조화가 다른 조화보다 더하고 덜함이 없다는 것을 의미하는 것이 아니겠나?"

"분명히 그렇습니다."

"더함도 덜함도 없는 조화이니 조율 또한 더 잘되고 못된 것도 없지 않은가?"

"그렇습니다."

"조율의 정도가 더하고 덜함이 없다는 것은, 조화의 정도에 차이가 있다는 것인가 아니면 똑같은 정도로 관여한다는 것일까?"

"똑같은 정도일 것입니다."

"어떤 영혼이든 더함이나 덜함이 없이 똑같으므로 어떤 영혼의 조율 역시 더하거나 덜함이 없지 않겠나?"

"물론 그렇습니다."

"이런 조건에서 본다면, 보다 큰 정도의 조화나 부조화는 있을 수 없는 일이 아닐까?"

"분명히 없습니다."

"마찬가지의 조건에서 볼 때, 만약 악을 부조화로 선을 조화를 본다면, 다른 영혼보다 더 큰 정도의 선이나 악을 지닐 수 있다고 보는가?"

"그럴 수는 없습니다."

"그렇다면 시미아스, 올바른 논리에 따라 좀더 분명하게 말하자면, 만약 영혼이 조화라면 어떠한 악덕도 지니지 않은 걸세. 의심할 여지 없이 조화는 완전한 것이기 때문에 절대로 부조화를 지닐 수 없을 테니까 말이야."

"분명히 그렇습니다."

"그렇다면 어떤 영혼이든 완전하다면 악덕은 지닐 수 없는 것일세."

"지금까지 우리가 말해 온 것에 따르면 그럴 수는 없습니다."

"그렇다면 이 논리에 따라 영혼들은 그 본성에 따라 모두 똑같은 영혼들이므로, 적어도 모든 생물의 영혼은 모두 똑같이 선하다고 할 수 있겠지."

"저로서는 그렇다고 생각합니다."

"만약 영혼이 조화라는 가정이 옳다면, 그로 인해 얻어진 이와 같은 결과 또한 옳다고 생각하는가?"

"전혀 옳지 않습니다."

"그렇다면 인간의 내면에 있는 것들 중에서 지혜로운 영혼 이외의 어떤 것이 인간을 다스린다고 말할 수 있는가?"

"제가 말할 수 있는 것은 없습니다."

"영혼은 육체가 지니고 있는 열망들에 굴복을 할까 아니면 저항할까? 예를 들어, 덥고 목마를 때 영혼이 물을 마시지 못하도록 가로막는다든지, 또 배가 고플 때 음식을 먹지 못하게 한다든지 하는 것처럼 영혼이 육체의 열망에 반대하는 경우는 수없이 많지 않던가?"

"분명히 그렇습니다."

"하지만 우리는 영혼이 조화라면, 그것을 구성하고 있는 요소들이 팽팽하거나, 느슨하거나 즉 어떤 상태이든지 관계없이 결코 그 구성 요소와 상반되는 음색을 내는 경우는 없다는 것에 동의하지 않았던가?"

"물론 그렇게 동의했습니다."

"그런데 어떤가? 우리들은 지금 영혼이 그와 정반대로 작용할 수 있다는 것을 발견했네. 일생동안 거의 모든 면에서 존재하는 모든 요소에 반대하며 모든 방식으로 주인 노릇을 하고 있는 것으로 보이지는 않는가? 때로는 운동과 의술 같은 거칠고 고통을 주는 방법으로, 때로는 가볍게 꾸짖으며 욕망과 정욕, 공포 등을 달래주는 부드러운 방법으로 육체를 지배하고 있다는 것을 보지 않았나? 마치 호메로스가 「오디세이아」에서 오디세우스*의 입을 통해 이렇게 말하고 있는 것처럼 말일세.

자신의 가슴을 치며 그는 이렇게 자신의 심장을 꾸짖었다.
"나의 심장이여 제발 참아다오. 이보다 더 험한 일도 참아내지 않 았더냐?"

호메로스가 이 시를 지을 때, 영혼은 조화여서 육체의 여러 가지

---

* Odysseus, 호메로스의 「오디세이아」에 등장하는 이타케의 왕. 트로이 전쟁에 참가한 용감한 장수로, 그리스군을 승리로 이끈다.

감정들에 의해 이끌린다고 믿었던 것이 아니라, 오히려 영혼을 육체적 감정들을 조절하고 지배하는, 조화와는 비교할 수도 없는 신성한 것으로 간주했다고 생각하지 않나?"

"저도 그렇게 생각합니다."

"그러므로 영혼이 조화라는 논리에는 아무런 합리성도 없네. 그건 우리뿐만 아니라 저 신성을 지닌 시인인 호메로스와도 동의하지 않는 것이네."

"그렇군요."

모든 행동은 정신에 의한 최상의 선택이다

"그렇다면 이제 이 테베인들의 조화*에 대해서는 충분히 납득시킨 것으로 보이네. 하지만 케베스, 이 카드모스**는 어떤 논리로 납득시킬 수 있겠나?"

케베스가 말을 이었습니다.

---

* 하르모니아(Harmonia). 그리스 신화에 나오는 테베의 왕 카드모스의 아내이다. 그리스어로 '조화'를 뜻한다. 피타고라스와 헤라클레이토스에 의해 철학적 용어로 정의되었다. 여기서는 테베인 시미아스의 논리를 가리킨다.

** 역시 테베인 케베스의 논리를 가리킨다.

"선생님께서 그 방법을 잘 찾아내시겠지요. 어쨌든 조화에 대한 선생님의 논리는 저의 예상을 훨씬 뛰어넘는 것이었습니다. 시미아스가 의문을 제기했을 때, 아무도 그의 주장을 뒤집을 수는 없을 것이라고 생각했습니다. 그런데 선생님의 첫번째 반론에 무너지는 것을 보고 깜짝 놀랐습니다. 카드모스의 논리도 똑같은 일을 겪는다 해도 이제는 놀라지 않을 것입니다."

"케베스, 너무 큰소리치지는 말게. 악의를 품은 어떤 힘이 우리가 전개하려는 논리를 뒤엎을 수도 있지 않겠나. 하지만 그런 걱정은 신께 맡기기로 하고, 호메로스처럼 문제에 접근해서 무엇이 이치에 닿는 것인지를 시험해보기로 하세.

자네는 영혼이 파괴되지 않으며 불사한다는 것이 입증되기를 원하고 있네. 지혜를 사랑하는 사람이 죽음을 맞이하여 죽은 이후에 저승에서 지금까지 살아온 삶보다 더 잘 지내게 될 것을 확신하지 못한다면, 그 믿음은 어리석고 맹목적인 것이라는 말이 아닌가. 그리고 영혼이 강인하고 신성을 지녔으며, 인간들이 태어나기 전에 이미 존재한다는 것은 입증되었지만, 사멸하지 않는다고 단언할 수는 없다는 것이지.

또 영혼이 육체 속으로 한 번 들어가거나 또는 여러 번 들어간다 해도, 적어도 우리들이 죽음을 두려워하는 것에는 아무런 차이도 없다는 이야기지. 영혼이 소멸되지 않는다는 것을 모르거나 입증할 수 없는 사람은 죽음을 두려워하는 것이 당연하기 때문이라는 것이 자네의 주장이라고 생각하는데, 맞는가 케베스? 이렇게 다시 확인하는 것은 문제를 보다 철저히 다루기 위해서이니, 자네가 원하는 것이 있다면 더할 것은 더하고 뺄 것은 빼도록 하게."

"지금으로서는 빼거나 더할 것이 없습니다. 선생님의 말씀 그대로입니다."

소크라테스는 한참 동안 혼자 생각에 잠겨 있다가 말씀을 시작하셨습니다.

"케베스, 자네의 주장은 사소한 것이 아닐세. 생성과 소멸의 전반적인 원인을 철저하게 다루어야만 하기 때문일세. 원한다면, 나의 경험담을 들려주겠네. 그중 자네의 문제에 도움이 될 것이 있거든 자네를 납득시키는 데 활용해보도록 하세."

"말씀해주십시오."

"그렇다면 잘 들어보게. 케베스, 젊은 시절 나는 소위 자연에 대한 탐구라는 지혜를 얻기 위해 특별한 열정을 품고 있었다네. 모든 사물들이 어떻게 생성되고 존재하며, 어떻게 소멸되는지를 안다는 것은 무척 놀랍고 훌륭한 일이라고 생각했었네. 그래서 이런 문제들을 생각할 때면 언제나 갈팡질팡할 수밖에 없었네.

생물들이 조직화되는 것은 열과 냉기가 일종의 부패 과정을 통해 발생하는 것일까? 우리가 생각할 수 있는 것은 혈액인가, 공기인가 아니면 불인가? 혹은 이것들 중 그 어느 것도 아니고, 뇌가 시각이나 청각, 후각과 같은 감각을 제공하고, 다시 이것들로부터 기억과 판단이 생기게 되고, 기억과 판단이 확고해짐으로써 인식이 생기는 것일까? 그리고 나서 나는 이것들의 소멸에 대해 고찰해 보았지만, 마침내 나 자신이 이러한 연구에 어울리지 않는 사람이라는 결론에 이르게 되었네.

그렇다는 증거를 말해주겠네. 이런 고찰로 인해 나는 아주 눈이 흐려져버려 그때까지 분명히 알고 있다고 생각하던 것조차도 모르게 되어버렸네. 이를테면 사람은 무엇으로 자라는 것인지도 모르게 되었네. 그때까지 나는 먹고 마시기 때문에 사람이 자란다고 생각하고 있었지. 즉 음식을 통해 살이 붙고, 뼈가 굵어지고, 그와 같은 이치로 그 밖의 다른 부분들도 자란다고 생각하는 것을 지극히 당연한 일로 생각하고 있었다네. 자네가 보기에 내가 생각을 제대로 한 것으로 보이지는 않는가?"

"저로서는 옳게 생각하셨다고 보입니다만….'

"자, 그렇다면 키 작은 사람 곁에 서 있는 키 큰 사람을 보았을 때, 그것만으로 크기에 대해서는 확실하게 알고 있는 것이라고 생각했네. 그보다 더 명확한 것은, 10이 8보다 더 많은 것은 8에 2가 더해진 것이기 때문이고, 2피트가 1피트보다 긴 것은 그 반을 초과하기 때문이라고 생각했다는 것이네."

"그렇다면 지금은 그 문제들에 대해 어떻게 생각하고 계시는지요?" 케베스가 물었습니다.

"그것들 중 어느 한 가지에 대해서도 그 원인을 안다고는 도저히 생각하지 못한다네. 이제 나는 하나에 하나를 더했을 때, 더해진 쪽의 하나가 둘이 된다거나, 또 더하는 쪽과 더해지는 쪽의 것이 서로 다른 것에 대한 다른 것의 더함을 통해 둘이 된 것이라고 내 스스로 인정할 수 없게 되었네. 그것들은 따로 분리되어 있었을 때 각각의 하나였지, 둘이 아니었기 때문이라네.

그런데 그 둘을 한데 모으는 것이 둘이 되는 원인이라면 하나를 나누어 둘이 되었을 때, 나눔이 둘이 되는 원인이라 할 수 있지 않겠나? 이것은 앞서 둘로 되는 것의 원인과는 반대가 되는 것이기 때문이지. 그래서 나는 무엇 때문에 하나가 생기는지조차, 한마디로 말하자면, 다른 어떤 것이 무엇 때문에 생기고 소멸되며 존재하는지에 대해 이런 탐구 방법으로 도저히 알 수 있게 될 것이라고는 납득할 수 없게 되었네. 그래서 이러한 방법이 아닌 다른 방법을 내 스스로 이리저리 뒤섞어 보고 있다네.

언젠가 나는 누군가 아낙사고라스가 썼다는 책의 한 구절을 읽는 것을 들었다네. 그건 정신이 '모든 것에 질서를 부여하는 것'이며, 또한 그것들의 원인이라는 것이었네. 나는 정신이 모든 것의 원인이라는 것은 매우 바람직한 일로 생각되어 무척 기뻐했었다네. 만약 그렇다면 어떤 질서를 부여하는 정신은 모든 것에 질서를 부여하고, 각각의 것이 최선의 상태에 머물도록 해준다고 생각했네. 그래서 모든 것이 어떤 방법으로 생겨나고 소멸되며 존재하는지를 알고자 하는 사람이라면, 그것들이 어떤 상태로 존재하고 어떤 일들을 겪거나 작용하는 것이 가장 좋은 것인지를 알아내야 한다고 생각했네.

이러한 추론을 따르면, 사람은 자기 자신과 다른 모든 것에 관하여 고찰해야 할 것은 다름아닌 훌륭한 것과 가장 좋은 것이라는 거지. 물론 한결 나쁜 것에 대해서도 알아야만 하겠네. 이러한 것들에 대해 아는 것도 결국 같은 것이기 때문이네.

그래서 나는 존재하는 것들과 관련된 원인을 가르쳐줄 아낙사고라스라는 스승을 찾았다고 생각하여 몹시 기뻐했다네. 우선 나는 그가 지구가 평평한지 아니면 둥근지를 말해줄 것이라고 생각했네. 그리고 나서 지구가 왜 그와 같은지 그 원인과 필연성을 덧붙여 설명해주리라고 생각했네. 또한 지구가 우주의 한가운데에 있다면, 그것이 왜 더 좋은 것인지를 설명해줄 것이라고 생각했네. 그렇게 그 모든 것을 밝혀준다면, 더이상 다른 원인을 탐구하지는 않겠다고 생각했네. 특히 해와 달 그리고 다른 별들에 대해서도 그 운행 속도나 회전 등과 같은 것들에 대해, 어떤 식으로 작용을 하고 또 발생하는 일들을 겪게 되는 것이 더 나은지에 대해서도 설명을 듣고 싶었네.

적어도 정신에 의해 모든 것들의 질서가 유지된다고 주장하는 사람이, 그것들이 현재 존재하는 상태 그대로가 최상의 상태라는 것 외의 다른 원인을 끌어내리라고는 생각지도 못했기 때문일세. 따라서 나는 그가 그 모든 것의 개별적인 원인과 공동의 모든 것에 공통되는 원인을 알려준 다음, 각각에 대한 최선의 상태와 이들 모두에게 공통되는 최선의 상태를 덧붙여 설명해줄 것이라고 생각했네. 나는 그 어떤 대가를 치르더라도 이러한 기대들을 단념할 수 없었고, 그래서 그 책들을 재빨리 구하여 최대한 빨리 읽었다네. 최선과 최악을 빨리 알고 싶었기 때문이었네.

하지만 이런 나의 커다란 희망은 순식간에 내동댕이쳐져버렸네. 그는 정신을 전혀 활용하지도 않고, 사물에 대한 질서와 관련된 원인들을 정신으로 생각하지 않으면서도, 공기와 에테르와 물과 같은 이상한 것들을 원인으로서 주장하고 있었다네.

그는 이런 식으로 말하고 있는 것이나 마찬가지였네. 소크라테스의 모든 행위의 원인은 정신이라고 말해놓고, 내 행위들 각각의 원인을 말할 때는 이렇게 설명하는 것이지. 즉, 내가 여기 앉아 있는 이유는 내 육체가 뼈와 근육으로 구성되어 있는데, 뼈는 단단하고 서로 떨어진 상태에서 마디들을 갖고 있으며, 근육은 뼈를 감싸고 있어 수축과 이완을 통해 관절이 있는 부분에서 사지를 굽힐 수 있기 때문이다. 그렇기 때문에 내가 여기에 비스듬히 앉아 있는 것이라고 말하는 것이지.

내가 자네들과 대화하고 있는 것에 대해서도 소리나 공기, 청각과 같은 것들을 그 원인이라고 주장하면서도, 그 참된 원인에 대해서는 소홀히 하지. 사실 참된 원인은 아테네 사람들은 나에게 유죄 판결을 내리는 것이 옳다고 생각했고, 나는 여기에 머물러 처벌을 받는 것이 가장 옳다고 생각했다는 점일세. 만약 어떤 형벌이든 복종하는 것이 옳다고 판단하지 않았더라면, 내 근육과 뼈는 이미 그 가장 좋은 것에 대한 판단에 따라 메가라나 보이오티아에 머물고 있었을 것이네.

그런 것들을 원인이라고 주장하는 것은 너무 불합리한 말이네. 물론 근육이나 뼈와 같은 것들 없이는 옳다고 판단하는 것들을 실행할 수 없다는 것도 사실이네. 그러나 나의 행동이 정신에 따르는 것임에도 불구하고, 그것이 근육이나 뼈에 의한 것이지 정신에 의한 최상의 선택을 통해 이루어진 것이 아니라는 주장은 매우 터무니없는 표현이네. 그것은 진짜 원인과, 결코 원인이 될 수 없는 원인을 구별할 수 없기 때문이네.

내가 보기에 많은 사람들이 어둠 속에서 더듬거리며, 원인이 될 수 없는 것에 엉뚱한 이름을 붙여 원인이라고 부르고 있는 것 같네. 그렇기 때문에 하늘에서 일어난 소용돌이로 인해 지구가 그 자리에 머무르게 된다는 사람도 있고, 지구가 마치 널찍한 물받이 같아서 공기가 그것을 받침대처럼 떠받들고 있다는 사람도 있는 것이라네.

하지만 그런 사람들은 이러한 것들이 현재와 같이 최선의 상태로 있도록 하는 능력을 가진 것을 찾으려 하지도 않고, 그것이 어떤 놀라운 힘을 지니고 있다는 것도 믿으려 하지 않으면서 이것보다 더 힘이 세고 이것보다 더 불멸하며, 모든 것들을 다 포함할 수 있는 아틀라스*를 언젠가는 찾아낼 것이라고 믿고 있다네. 그들은 모든 것을 함께 묶어 결합하는 선에 대해서는 전혀 생각하지 않는다네. 나는 그러한 원인과 그것이 어떻게 작용하는지에 대해 가르쳐주는 사람이 있다면 기꺼이 그의 제자가 되려 했다네. 하지만 이런 일로 인해 매우 실망하게 된 후부터, 나 스스로 발견할 수도 없고 남에게서 배우지도 못하게 되었네. 케베스, 자네가 원한다면 내가 어떤 방법으로 원인을 찾아 두번째 항해를 떠나게 되었는지 들려주겠네."

"꼭 듣고 싶습니다."

* Atlas, 그리스 신화의 거인 신. 하늘의 신과 땅의 신 사이에서 태어나, 땅과 하늘이 갈라진 틈에 서서 천체를 떠받치고 있다고 한다.

이성에 의지하여 사물의 진실을 탐구해야 한다

"이러한 일을 겪은 뒤에 나는 존재하는 것들에 대해 탐구하는 데지쳐버려, 일식(日蝕)을 바라보며 관찰하는 사람들이 겪는 것과 같은 고통을 겪지 않도록 조심해야겠다는 생각이 들었네. 그들은 물에 비친 형상을 관찰하는 식의 간접적인 방법을 사용하지 않아 시력을 잃게 된 경우도 있었기 때문이네. 나 또한 그와 비슷한 느낌을 갖게 되었으므로, 눈으로 사물들을 관찰하고 그것들을 여러 감각들로 파악하려고 하면, 내 영혼이 완전히 눈멀게 되는 것은 아닐까 하는 두려움에 사로잡히지 않을 수 없었다네.

그러므로 이성에 의지하여 사물들의 진실을 탐구해야 된다고 생각하게 되었네. 어쩌면 나의 이 비유가 어떤 면에서는 부정확할 수도 있겠지. 존재하는 것들을 이성으로 고찰하는 사람이 형상을 통해 고찰하는 사람보다 더 효과적으로 바라볼 수 있다는 것은 전적으로 동의할 수는 없기 때문이지. 어쨌든 나는 이 방법으로 시작했네. 나는 각각의 경우마다 가장 강력하다고 생각되는 논거를 설정해놓고, 원인을 비롯한 모든 것들이 그 논거에 일치하는 것을 진리라고 보았네. 자네가 아직 내 말을 이해하지 못한 듯하니 좀더 분명하게 설명해주겠네."

"사실, 충분히 이해하지는 못하고 있습니다" 하고 케베스가 말했습니다.

"하지만 조금도 새로운 것은 아니라네. 이미 앞선 토론에서 줄곧 이야기해왔던 것일세. 내가 그토록 탐구해온 여러 종류의 근원에 대해, 우리들이 익히 알고 있는 전제, 즉 아름다움 자체와 선, 고결 등과 같은 것들이 존재한다는 것에서부터 다시 시작하려고 하네. 자네가 이것들이 존재한다는 것을 인정하고 동의한다면 그것들로 부터 원인을 설명할 수 있으며, 영혼의 불멸에 대해서도 입증할 수 있을 것이라고 생각하네."

"저도 그렇게 동의하고 있으니 서둘러 말씀해주십시오" 하고 케베스가 말했습니다.

"하지만 그 다음의 것들에 대해서도 동의할 수 있는지 생각해보게. 나는 아름다움 자체가 아닌 다른 어떤 것이 아름답다면, 그 아름다움 자체에 관계되었기 때문이지 결코 다른 이유는 없다고 생각한다네. 이러한 원인에 대해 동의하는가?"

"네, 동의합니다."

"나는 앞서 이야기한 지혜로운 원인들에 대해 아직 이해하지도 못하고 알아차릴 수도 없다네. 하지만 누군가 내게 어떤 것이 아름다운 이유를, 활짝 피어난 꽃처럼 화사한 빛깔이나 모양 혹은 그와 비슷한 것을 지녔기 때문이라고 말한다면, 그런 모든 것들이 나를 혼란스럽게 할 뿐이므로 받아들이지 않을 것일세.

하지만 나는 오직 아름다움 자체가 있거나, 또는 아름다움 자체에 관련되어야만 아름답다는 이 한 가지 논거만을 단순하고 전적으로 그리고 어리석을 정도로 한정시키려 하네. 그것이 어떤 수단과 방법으로 아름다움 자체에 관여하는가에 대해서는 없다 해도 말일세. 비록 확신을 갖고 있지는 못하지만, 모든 아름다운 것들은 오로지 아름다움 자체를 통해서만 아름다워진다고 생각한다네. 이것은 나 자신에게나 다른 누구에게도 해줄 수 있는 가장 확실한 답변이라고 생각하네. 이 논거를 견지하면, 결코 혼란에 빠질 일도 없으며, 나에게나 다른 사람들에게도 안전한 답변이 될 것이라고 생각하네. 자네도 그렇게 생각하는가."

"저도 그렇게 생각합니다."

"그렇다면 큼 자체로 인해 큰 것들은 크며, 더 큰 것은 더 큰 것이며, 작음 자체로 인해 더 작은 것이 더 작은 것 아니겠나?"

"그렇습니다."

"그렇다면 이것을 증명해보게. 만약 누군가 어떤 사람이 다른 사람보다 머리만큼 크다던지, 어떤 사람이 다른 사람보다 머리만큼 작다고 한다면, 자네는 그 말을 받아들이지 않으면서 보다 큰 것은 오직 큼 자체에 의해서만 다른 것보다 더 큰 것이며, 마찬가지로 작음 자체에 의해서만 다른 것보다 작다고 주장하게 될 걸세. 만약 자네가 누군가에 대해 머리만큼 크거나 작다고 말한다면, 이런 반론에 마주칠 것이 두려워서 그렇게 하는 것이라고 생각하네.

즉, 우선은 더 큰 것으로 인해 더 큰 것이 되고, 더 작은 것으로 인해 더 작은 것이 된다고 말하게 되겠지. 그리고 난 다음에는 작은 머리로 인해 더 큰 것이 더 크다고 말하게 되는데, 그렇다면 작은 무엇으로 인해 누군가를 크다고 말하는 것이야말로 괴이쩍은 일이 되지 않겠나? 이러한 것이 두렵지는 않나?"

케베스는 웃으며, "정말 두려운 일입니다"라고 말하였습니다.

"또한 자네는 열이 여덟보다 둘이 많다고 말할 때, 둘이라는 원인으로 인해 초과한다는 것 때문에, 즉 큰 수 때문에 그렇다고 말하게 될 것이 두렵지 않은가? 또한 2피트가 1피트보다 긴 것은 그 반에 의해서가 아니라 그 자체의 길이 때문이라고 말하게 될 것은 두렵지 않은가? 그러한 두려움은 동일한 것일세."

"물론입니다."

"그렇다면 이건 어떤가? 하나에 하나가 더해질 경우에 이 더하기를, 또 하나가 나누어질 때는 이 나누기가 둘로 됨의 원인이라고 말하는 걸 조심스러워하지 않겠나? 그러면서도 큰 소리로 무엇이든지 존재하는 것은 그 본질에 관여하기 때문이며, 그 밖의 다른 방법은 모른다고 말할 걸세. 또한 둘의 원인은 오직 둘 자체가 관여하여 둘이 되도록 하는 것이며, 또 하나 자체에 관여하여 어떤 하나가 생성된다고 말할 걸세.

또한 더하기나 나누기처럼 고상한 것들은 자네보다 지혜로운 사람들이나 풀도록 하고 개의치 않을 걸세. 속담 그대로 자신의 그림자에 놀라고, 자신의 미숙함이 염려되어 이 안전한 가설(假定)에 의지하여 그렇게 대답하면 되겠지. 누군가 자네의 가정을 공격해오면, 그냥 내버려두면서 그것으로 인한 여러 가지 결론들이 서로 일치되는지 모순되는지를 검토할 때까지는 대답하지 않으려 하겠지. 만약 그 가정 자체를 설명해야 할 경우가 되면, 자네는 보다 더 상위의 가정들 중에서 가장 그럴 듯해 보이는 다른 가정을 다시 세우고서 만족할 때까지 설명하게 될 거야.

하지만 적어도 자네가 사물의 진실에 도달하고자 한다면, 논쟁을 일삼는 자들처럼, 그 첫번째 원리와 그것에서 도출된 여러 가지 결론들을 뒤섞어버려서는 안 되네. 그런 자들은 그런 것들에 대해서는 아무런 생각도 없으며 신경도 쓰지 않을 것이기 때문이네. 그들은 모든 것들을 뒤죽박죽으로 만들어놓고도 스스로 만족해 할 수 있는 사람들이라네. 하지만 자네가 지혜를 사랑하는 사람이라면, 내가 말한 대로 행동하리라고 믿네."

"정말 진실된 말씀입니다"라고 시미아스와 케베스가 동시에 대답했습니다.

서로 대립되지 않는 것들도 언제나 대립되는 것을 갖고 있다

에케크라테스 파이돈, 그들이 그렇게 말하는 것은 당연합니다. 분별력이 모자라는 사람에게도 그분은 놀라울 정도로 명료하게 설명을 하시니까요.

파이돈 분명히 그렇습니다. 그때 함께 있던 사람들 모두 그렇게 생각했습니다.

에케크라테스 그 자리에 없었던 나도 이렇게 전해 듣는 것만으로도 그렇게 생각되는군요. 그 다음에는 어떤 말씀을 하셨나요?

파이돈 기억하는 바로는, 이것들에 대해 동의를 얻고 나서, 몇몇 형상들이 그 자체로 존재하며, 그 외의 것들이 형상으로 명명되는 이유는 그 형상이 관여하기 때문이라는 것에도 동의를 얻으신 후 이런 질문을 하셨습니다.

"만약 이러한 것들에 대해 동의한다면, 자네가 시미아스는 소크라테스보다 크지만 파이돈보다는 작다고 말할 때, 자네의 주장은 시미아스의 내부에 큼 자체와 작음 자체가 동시에 존재한다고 말한 것은 아닐까?"

"그렇습니다."

"하지만 시미아스가 소크라테스보다 키가 크다고 말하는 것은 사실 표현된 그대로 진실은 아니라고 고백해야만 하네. 시미아스가 본성에 있어 소크라테스보다 큰 것이 아니라 그가 갖추게 된 큼의 결과인 것이지. 다시 말하자면, 그가 소크라테스보다 큰 것은 소크라테스가 소크라테스이기 때문이 아니라, 소크라테스가 그의 큼과 비교하여 작음을 지니고 있기 때문이 아닌가?"

"맞습니다."

"또다시 말하자면, 파이돈이 파이돈이기 때문에 파이돈이 시미아스보다 큰 것이 아니라, 파이돈이 시미아스의 작음과 비교하여 큼을 지니고 있기 때문인 것이지."

"그렇습니다."

"그러므로 시미아스가 작거나 크다고 불리게 되는 것은, 그가 두 사람의 중간에서 그 자신의 큼을 통해 한 사람의 작음을 넘어서며, 자신의 작음을 넘어서는 다른 사람의 큼에 굴복하는 것이라네."

그렇게 말하면서 미소를 짓더니 말씀하셨습니다. "내가 속기를 하듯 너무 딱딱하게 말하고 있는 것 같기는 하지만, 어쨌든 그것은 내가 말한 그대로라네."

케베스는 그 말에 동의했습니다.

"내가 이렇게 말하는 건, 자네가 내 견해에 동의해주기를 바라기 때문일세. 나는 큼 자체가 결코 동시에 크거나 작을 수 없는 것이 아니라, 우리 안에 있는 큼도 작음을 결코 용납하지 않으며 작게 되는 일을 당할 수도 없을 것이라고 생각한다네. 하지만 큼에 반대되는 것 즉, 작음에 접근해올 때 그것을 피하며 자리를 내주거나 작음이 와버렸을 때 사라져버리는 둘 중 하나일 것 같네.

하지만 그것이 작음을 받아들여 유지하여 이전의 자신과 전혀 다른 것이 될 수는 없을 것 같아. 이를테면, 작음을 받아들이고 유지하는 나는 여전히 작은 나이지만, 큼 자체는 결코 작아지는 것을 견디지 못할 것이네.

그리고 이와 같은 방식으로 우리들 안의 작음은 어떤 경우에도 크게 되거나 크지 않으며, 반대되는 것들 중 어떤 것도 그 상태를 유지하면서 동시에 그 반대되는 것이 되거나 반대의 것일 수 없으며 그런 우발적인 일이 발생하면 떠나버리거나 소멸해버릴 걸세."

"모든 면에서 그렇게 생각합니다"라고 케베스가 말했습니다.

정확히 기억할 수는 없지만, 이 말을 듣고 누군가 이렇게 말했습니다.

"지금 하신 말씀은 우리가 앞서 동의했던 것과 정반대되는 것 아닙니까? 앞서의 논의에서는 보다 큰 것에서 보다 작은 것이 나오고, 보다 작은 것에서 보다 큰 것이 나온다. 즉 한마디로 말해, 서로 반대되는 것에 의해 반대되는 것이 생긴다고 했는데, 지금은 그것이 전혀 옳지 않다고 말씀하시는 것 같습니다."

고개를 돌려 그의 이야기를 듣고 있던 소크라테스는 이렇게 말씀했습니다.

"자네는 매우 대담하게 상기시켜 주는군. 하지만 자네는 앞서의 주장과 지금의 논의 사이에 있는 차이점을 깨닫지 못하고 있네. 앞선 논의에서는 대립되는 사물에서 대립되는 사물이 생긴다고 했지만, 지금은 대립되는 것 자체는, 우리 안에 있거나 자연 안에 있거나, 대립되는 것으로는 결코 될 수 없다는 것을 말하고 있는 것이네. 앞선 논의에서는 반대되는 것을 갖고 있는 사물들을 그것들과 같은 이름으로 불렀던 것이지만, 지금은 그러한 이름을 갖게 된 존재 그 자체에 대해 그리고 상호간의 생성을 결코 받아들일 수 없는 것들 자체에 대해 이야기를 하고 있는 것일세."

그렇게 말하며 소크라테스는 케베스를 바라봤습니다.

"케베스, 이 친구가 말한 것 중에 자네를 혼란스럽게 하는 것이 있나?"

"저는 그렇게 생각하지 않습니다. 하지만 혼란스럽게 만드는 것이 적다고는 말하지 못하겠군요"라고 케베스가 대답했습니다.

"그렇다면 우리는 대립되는 것 자체가 대립되는 것으로 될 수는 없다는 것은 전적으로 동의한 것이네."

"분명히 그렇습니다."

"하지만 더 나아가 이러한 것에 대해서도 동의할 수 있는지 생각해보게. 자네는 어떤 것을 뜨겁다거나 차다고 말하지?"

"그렇습니다."

"그것은 눈이나 불과 같은 것들인가?"

"그렇지는 않습니다."

"뜨겁다는 것은 불과 다르며, 차다는 것은 눈과 다르다는 말인가?"

"그렇습니다."

"하지만 자네에게 이것만은 분명한 것 같군. 즉, 앞서 우리가 논의했듯이 뜨거움을 받아들이고는 이전의 그것, 즉 결코 눈이면서 뜨거울 수는 없고, 뜨거움이 접근해오면 물러나 소멸된다는 것 말일세?"

"분명히 그렇습니다."

"그리고 또한 불도 차가움이 접근해오면 물러나거나 소멸돼버리네. 다시 말해 차가움이 불을 받아들이고 여전히 이전의 그것 즉, 불이면서 차가운 것일 수는 절대 없는 것이라는 것 말일세."

"맞습니다."

"이러한 것들에 비추어 보면, 형상 자체만이 언제나 그 이름에 대한 자격을 갖는 것이 아니라, 형상 자체는 아니지만 존재하는 동안 그 형상을 지니고 있는 것들 또한 그 이름을 갖고 있네. 다음과 같은 예들을 들어보면 좀더 명확해질 것이네. 홀수는 언제나 우리가 홀수라고 부르는 이 이름을 가지고 있어야 하겠지?"

"분명히 그렇습니다."

"내가 묻는 것은 이런 것일세. 그러면 모든 것들 중에 홀수라는 이름을 홀수 자체에만 사용하고 있는 것일까? 홀수는 아니지만 그 본성이 홀수 없이는 존재할 수 없는 것으로 구성되어 있기 때문에 그 자신의 이름과 함께 언제나 홀수라고 불러야 할 것이 또 있지 않을까?

그 밖에도 많지만 3이란 숫자의 경우를 생각해보세. 이 숫자는 3이라는 자신의 이름으로 불리는 동시에 홀수라고 불리기도 하지 않나? 홀수라는 이름은 3이라는 이름과는 다르지만 말일세. 3뿐만 아니라 5를 비롯한 그 밖의 모든 숫자의 반은 홀수와 똑같지 않으면서도 각각의 그것들은 홀수이지. 그리고 2 또는 4를 비롯한 모든 짝수라고 부르는 숫자들도 제각각 짝수와 똑같지 않음에도 불구하고 언제나 짝수이네. 이것에 대해 동의하는가?"

"물론 동의합니다."

"그렇다면 내가 증명하려 하는 것을 잘 생각해보게. 이런 것일세. 즉, 대립되는 것들만이 서로를 받아들이지 않는 것이 아니라, 서로 대립되지 않는 것들도 모두 언제나 대립되는 것들을 갖고 있다는 것일세. 이것들 역시 자기들 안에 있는 특성과 대립되는 특성을 받아들이지 않는 것들로 보이며, 대립되는 것이 다가오면 그것들은 물러나거나 소멸해버린다는 것이지. 3이라는 숫자가 여전히

3이면서 짝수가 되려면 먼저 소멸해버리거나 어떤 일이든 겪어야만 하지 않겠나?"

"분명히 그렇습니다"라고 케베스가 말했습니다.

"하지만 2라는 숫자가 3과 대립되는 것은 아니지."

"당연히 그렇지요."

"그렇다면 오직 형상들만이 서로 접근해오는 것들을 절대 허용하지 않는 것이 아니라 그 밖의 다른 것들도 대립되는 것들의 접근을 허용하지 않는 것이지."

"지극히 옳으신 말씀입니다."

"그렇다면 우리가 할 수만 있다면, 이러한 것들이 무엇인지 정의해봐야 하지 않겠나?"

"그래야겠지요."

"케베스, 그렇다면 그것들은 자신들이 어떤 것을 점유하고 있던 간에, 그 자신의 특성뿐만 아니라 언제나 대립되는 특성을 가진 것들의 특성도 가질 수밖에 없다는 것일세."

"무슨 뜻인지요?"

"지금 말한 그대로이네. 자네는 분명 3의 특성을 가진 것은 3뿐만이 아니라 홀수라는 특성도 가져야 한다는 것을 알고 있지 않은가?"

"분명히 알고 있습니다."

"그렇다면 그것에 대해 우리들은 3이라는 숫자를 구성하는 형태와 대립되는 특성은 절대 접근할 수 없다고 주장하지 않았나?"

"그럴 수는 없지요."

"하지만 홀수라는 특성이 그렇게 하지 않았나?"

"그렇습니다."

"그리고 이것은 짝수의 특성과는 대립되는 것이지?"

"네."

"그렇다면 짝수라는 특성은 결코 3에 다가갈 수 없지 않겠나?"

"그럴 수 없지요."

"그렇다면 3은 짝수와 아무런 상관도 없겠지?"

"전혀 상관이 없습니다."

"3이라는 숫자는 짝수가 아닌 것이지?"

"그렇습니다."

"그렇다면 내가 정의하고자 했던 것은 바로 이런 것이었네. 대립되지 않으면서도 대립되는 것을 받아들이지 않는 것, 즉 3은 짝수에 대립되는 것은 아니지만, 절대 짝수라는 특성을 받아들이지 않네. 언제나 짝수에 반대되는 특성을 가지고 있기 때문이지. 마찬가지로 2는 홀수의 성질을 받아들이지 않고, 불은 차가움을 받아들이지 않으며, 이 밖에도 들 수 있는 예는 얼마든지 있네.

그렇다면 대립되는 것만이 대립되는 것을 받아들이지 않는 것이 아니라, 대립되는 것을 동반하는 것이 다가오는 경우에도 이 대립되는 것을 결코 받아들이지 않는 것인지를 생각해보세. 다시 한번 생각해보기로 하지. 자꾸 반복해 듣는 것이 쓸모없는 일은 아닐 테니까.

5는 짝수의 특성을 받아들이지 않고, 그 두 배인 10 또한 홀수의 특성을 받아들이지 않네. 그런데 5의 두 배인 10은 5와 대립되지만, 홀수라는 특성을 받아들이지 않을 것이네. 또한 그 밖의 것들 즉, 2분의 1이나 3분의 1과 같은 것들도 완전수의 특성도 받아들이지 않을 걸세. 자네가 나의 논리를 따르고 나와 동의한다면 말일세."

"네, 전적으로 동의하고 따르겠습니다."

영혼은 불멸한다

"그렇다면 다시 처음으로 돌아가 내가 묻는 방식대로 대답하지 말고, 내가 그랬던 것처럼 하지 말고 다른 방법으로 대답해주게. 내가 처음에 했던 안전한 형식의 대답 외의 다른 대답을 듣고 싶기 때문일세. 방금 우리가 말했던 것에서 또다른 안전한 답을 찾을 수 있을 것 같아서 그러네.

만약 몸 안에 무엇이 생기면 뜨거워질까를 묻는 자네의 질문에 따뜻함이 있어서 그렇다고 대답한다면 안전하기는 하지만 세련되지 못한 대답이겠지. 하지만 지금 우리가 이야기했듯이 불 때문이라고 한다면 보다 우아한 답변이 되겠지. 몸 안에 무엇이 생기면 병에 드는 것이냐고 묻는다면, 나는 병 때문이라고 하는 대신 열이 있기 때문이라고 대답할 걸세. 그리고 어떤 수에 무엇이 들어가 있으면 홀수가 되는 것이냐고 묻는다면, 그 속에 홀수의 특성이 있기 때문이라고 하는 대신 하나인 것이 그 안에 있기 때문이라고 말할 걸세. 이 밖에도 많겠지만, 그러지 않아도 내 의도를 충분히 이해하고 있는지 생각해보게."

"완벽하게 이해하고 있습니다."

"그렇다면 육체 속에 무엇이 있으면 그것이 살아 있게 되는 걸까?"

"영혼입니다."

"그렇다면, 언제나 그런 것인가?"

"당연히 그렇습니다."

"그렇다면 영혼은 언제나 자신이 차지하고 있는 모든 것에 생명을 주는가?"

"그렇습니다."

"그렇다면 생명에는 대립되는 것이 있는가 아니면 없는가?"

"있습니다."

"그것은 무엇인가?"

"죽음입니다."

"그렇다면 이미 동의한 바와 같이, 영혼은 그것이 동반하고 있는 것과 대립되는 것을 결코 받아들이지 않겠지?"

"당연히 그렇습니다" 하고 케베스가 대답하였습니다.

"그렇다면 짝수의 성질을 받아들이지 않는 것을 우리는 뭐라고 이름 붙였는가?"

"짝수가 아닌 것이라고 했습니다."

"정의나 음악을 받아들이지 않는 것은?"

"음악적이지 않은 것 그리고 올바르지 않음이라고 했습니다."

"그렇네. 그럼 죽음을 받아들이지 않는 것은 무엇이라고 부를까?"

"죽지 않는 것이라고 합니다."

"그러므로 영혼은 죽음을 받아들이지 않겠지?"

"그렇습니다."

"그렇다면 영혼은 죽지 않는 것일까?"

"죽지 않는 것입니다."

"그렇다면 이것으로 증명됐다고 할 수 있지 않을까? 자네의 생각은 어떤가?"

"가장 완벽하게 증명됐다고 할 수 있습니다."

"그렇다면 케베스, 홀수가 불멸이라면 3이라는 숫자도 불멸이겠지?"

"물론입니다."

"그렇다면 만약 따뜻함이 없는 것이 소멸하지 않는다면, 누군가 눈에다 뜨거움을 가져갔을 때도 눈은 온전하고 녹지 않은 상태로 물러나지 않을까? 소멸할 수도 없고 그냥 머물러 있으면서 뜨거움을 받아들일 수는 없으니 말일세."

"그렇습니다."

"이와 같은 방식으로 차게 될 수 없는 것이 파괴될 수도 없는 것이라고 한다면, 불에 차가운 것이 다가왔을 때, 불은 꺼지지도 소멸하지도 않으면서 온전하게 어디론가로 떠나지 않을까?"

"분명히 그렇습니다."

"그렇다면 죽지 않는 것에 대해서도 필연적으로 이렇게 말할 수 있지 않을까? 죽지 않는 것이 소멸될 수 없는 것이기도 하다면, 영혼에 죽음이 닥친다 해도 소멸할 수는 없는 것이겠지.

지금까지 이야기해온 것처럼, 영혼은 죽음을 받아들이지 않고 죽은 상태가 될 수도 없기 때문이지. 마치 3이 짝수일 수 없고, 홀수가 짝수일 수도 없고, 불이 차가운 것일 수도 없는 것과 같은 것이지.

 그러나 '홀수는 짝수가 다가와도 짝수가 될 수는 없지만, 홀수가 소멸한 후 짝수가 된다면 어떻게 하겠습니까?'라고 묻는 사람이 있을 수도 있네. 이런 사람들에게 홀수 자체가 소멸하지 않는 것이라고 주장할 수는 없네. 홀수가 소멸하지 않는다는 것에 대해서는 합의를 본 것이 아니기 때문이네. 하지만 이것을 인정할 수 있다면, 짝수가 접근해올 때 홀수 자체와 3이라는 숫자는 온전히 떠나간다고 말할 수 있을 걸세. 그리고 불이나 뜨거움을 비롯한 그 밖의 어떤 것들에 대해서도 이와 같이 주장할 수 있지 않겠는가?"

 "그렇게 말할 수 있겠습니다."

 "그러므로 죽지 않는 것에 대해서도 역시 그렇게 말할 수 있을 것이네. 만약 죽지 않는 것이 소멸하지 않는 것이기도 하다는 것에 동의한다면, 영혼은 죽지 않는 것이며 동시에 소멸하지 않는 것이기도 할 걸세. 하지만 동의하지 않는다면, 다른 증명이 필요하게 되겠지."

 "하지만 그 문제에 관한한 그럴 필요는 없습니다. 만약 죽지 않는 것이 영원한 것이면서도 소멸할 수 있다면, 소멸을 받아들이지 않을 수 있는 것은 전혀 없을 것이기 때문입니다."

 "어쨌든 신과 생명의 형상 자체 그리고 그 밖의 불사적인 것이라면 무엇이든 결코 소멸하지 않는다는 것은 누구든 동의하게 될 것이라고 나는 생각하네."

"그렇습니다. 제 생각엔, 사람뿐만 아니라 신들도 인정할 것이라고 생각합니다."

"그렇다면, 죽지 않는 것이 또한 소멸하지 않는 것이라면, 영혼이야말로 그런 것이 아니겠나?"

"그럴 수밖에 없습니다."

"그러므로 죽음이 사람에게 다가왔을 때, 사람의 소멸하는 부분은 죽게 되고, 죽지 않는 부분은 죽음으로부터 물러나 온전하게 떠나가는 것이 아니겠나?"

"그럴 것으로 생각합니다."

"케베스, 그렇다면 영혼은 분명 죽지 않고 소멸하지 않는 것이며, 우리들의 영혼은 실제로 하데스에 있게 될 것이네."

영혼의 구원은 오직 선량해지고 지혜로워지는 것이다

"이제는 이 문제에 있어 더이상 반대할 것은 전혀 없습니다. 하지만 시미아스나 그 밖의 누구든지 잠자코 있지 말고 어떤 이야기든 나누는 것이 좋겠습니다. 지금과 같은 기회를 놓치면 다시는 이 문제에 대해 이야기를 주고받을 수 없을 테니까요."

시미아스도 말했습니다.

"저도 그렇습니다. 지금까지의 이야기에는 더 이상 의심할 것이 없습니다. 하지만 워낙 큰 주제인데다 인간적인 약점을 무시하는 저의 태도 때문에, 지금까지 이야기된 것들에 대해 마음 한구석으로는 여전히 의문을 품고 있습니다."

그 말을 듣고 소크라테스가 말씀했습니다.

"시미아스, 그것뿐만이 아닐세. 첫번째 가정들이 비록 믿을 만한 것이라 해도, 보다 더 세심하게 검토되어야만 하네. 그리고 나는 만약 자네들이 이것들을 충분히 분석해본다면 사람이 할 수 있는 최대한 나의 논리들을 따라갈 수 있을 것이라고 생각하네. 그래서 만약 이 점이 명확해지면 더 이상 추구하지 않게 될 것일세."

"정말 그렇겠군요."

"하지만 친구들이여, 이것만은 생각하고 있어야만 하네. 만약 영혼이 죽지 않는 것이라면 우리가 인생이라 부르는 현재뿐만이 아니라 모든 시간에 대해 관심을 가져야 할 것이네. 만약 누군가 이것을 무시한다면 위험은 이제 곧 무서운 일로 나타날 걸세. 만약 죽음이 모든 것으로부터 벗어나는 것이라면, 악인들은 엄청난 이득을 보게 될 걸세. 그들이 죽을 때 육체로부터 벗어나는 동시에 영혼과 함께 자신들의 악행에서도 벗어나게 될 테니까.

하지만 영혼은 죽지 않는 것으로 생각되므로, 영혼이 사악함에서 벗어나고 구원되는 방법으로는 가능한한 선량해지고 지혜로워지는 것뿐이 없다네. 하데스로 갈 때 영혼이 지니고 갈 수 있는 것은 수양과 지식밖에 없기 때문이지. 그것들이야말로 죽은 자가 저승으로 여행을 떠나는 순간에, 크게 도움이 되거나 해가 되는 것들이라고도 하더군. 옛말에 모든 사람에게는 각자의 수호신*이 있어 살아 있는 동안에는 그 사람을 보살피다가, 죽은 후에는 어떤 곳으로 이끌고 간다네. 그곳에 모인 죽은 사람들은 심판을 받고 난 후에 안내자를 따라 하데스로 가게 되고, 그곳에서 겪어야 할 것들을 겪고, 정해진 시간 동안 머물며 길고 긴 주기를 보내고 나서, 안내자를 따라 다시 이 세상으로 온다고 하더군.

그렇다면 그 여행은 아이스킬로스의 텔레포스**가 표현한 대로는 아닌 거지. 그는 하데스로 이어지는 통로는 단순하다고 했네. 하지만 내가 보기엔 단순하지도 않고 외길도 아닌 듯 싶네. 만약 그렇다면 안내자도 필요없고 길을 잃는 사람도 없을 것이기 때문이지.

우리들의 종교와 제사의식들에 근거해 추측해보자면, 내 생각엔

---

* 다이몬. 고대 그리스에서 신과 인간의 중간적인 존재를 의미했다.
** Telephos, 고대 그리스 비극작가 아이스킬로스의 작품인지, 주인공을 가리키는지 명확하지 않다.

많은 갈림길과 구불구불한 길들이 있을 것 같아. 그래서 절도있고 지혜로운 영혼들은 길을 따라가면서도 자신의 상황을 잘 이해하지만, 앞서 말했듯이 육체에 집착하는 영혼들은 오랫동안 죽어버린 육체의 주변를 배회하며 눈에 보이는 장소를 떠돌다가, 격렬히 저항하며 엄청난 고통을 겪은 후에야 자신을 담당하는 수호신에 의해 강제적으로 끌려가게 된다네. 다른 영혼들이 모여 있는 장소에 도착한 후에는, 부정하거나 살인을 했거나 그와 비슷한 옳지 못한 행위를 한 영혼은 아무도 그의 저승길에 길동무나 안내자가 되려고 하지 않아 완전한 곤경에 처해 어느 정도의 시간이 지나기 전까지는 외톨이가 되어 떠돌게 된다네. 그 기간이 지나고나면 필연적으로 자신에게 알맞은 곳으로 이끌려 가게 되는 것이네.

이와는 달리 일생 동안 순수하고 절도있는 생활을 한 영혼들은 신들이 길동무나 안내자가 되어 각자에게 알맞은 곳에 도착하여 정착하게 된다네. 사실 이 지상에도 놀라운 곳들이 많이 있네. 내가 어떤 사람의 말을 듣고 믿게 된 바로는, 이 지구의 모양과 크기는 줄곧 그것에 대해 말해오던 사람들의 말과는 전혀 다르다네."

그러자 시미아스가 물었습니다.

"선생님, 그건 어떤 이야기입니까? 저도 그동안 지구에 대한 많은 이야기를 들었습니다만 선생님께서 믿게 되셨다는 그 이야기에 대해선 들어보지 못했습니다. 그러니 꼭 듣고 싶습니다."

"시미아스, 그 이야기를 들려주는데 글라우코스와 같은 재주*가 필요하다고는 생각하지 않지만, 그것이 진실임을 입증하려면 글라우코스의 재주로도 감당하기 어려울 것 같네. 게다가 시미아스, 내가 그렇게 할 수 있다 해도, 내게 남아 있는 시간이 그 주제를 감당하기에는 부족할 것 같네. 하지만 내가 믿게 된 지구의 모습이 어떤 것인지 그리고 지구에 있는 여러 가지 장소들에 대해 말하지 못하도록 방해할 것은 아무것도 없겠지."

"그것들만 말씀해주셔도 충분합니다."

지구와 저승에 대해

"내가 믿게 된 것은 우선, 지구가 둥근 모양으로 하늘 한복판에 있다면 그것이 떨어지지 않도록 하기 위해 공기나 그와 비슷한 어떤 힘도 필요하지 않다는 것이라네. 하늘 자체가 모든 방향으로 동일성을 지니고 있으며 지구 자체의 평형은 그것을 충분히 지탱할 수 있기 때문이네. 모든 방향에서 균일하게 작용하는 힘 가운데 놓

---

* '아주 어려운 문제'를 의미하는 격언.

여 있으면서 평형 상태에 있는 것이라면 어느 방향으로든 다소간 기울어질 수도 없고, 같은 상태로 있으며 움직이지 않을 것이네. 그래서 나는 우선 이것을 믿게 되었네."

"매우 적절한 믿음입니다" 하고 시미아스가 말했습니다.

"더 나아가, 지구는 매우 크며 우리들은 파시스 강*에서 헤라클레스의 기둥들**까지 펼쳐진 어느 작은 지역에서 살고 있으며, 연못 주변에 사는 개미와 개구리처럼 바닷가에 살고 있다는 사실을 믿게 되었네. 그리고 이와 비슷한 장소에서 다른 많은 사람들이 살고 있다네.

지구 곳곳에는 갖가지 모양과 크기의 우묵한 곳이 있어 물과 안개 그리고 공기가 흘러 들어간다는군. 하지만 지구 자체는 순수한 상태로 순수한 하늘 안에 이런 것들을 말하는 사람들이 에테르라고 부르는 별들과 함께 위치하고 있다네. 그 에테르의 침전물이 지속적으로 지구의 우묵한 곳으로 흘러든다고 하는군. 지구의 우묵한 곳에 살고 있다는 것을 모르는 우리들은 지구의 위쪽에 살고 있다고 생각하고 있는 것이지. 마치 바다의 밑바닥에 살고 있는데 바다 위에 살고 있는 것처럼 생각하고 있는 것과 마찬가지라네.

---

* 흑해 동쪽으로 흘러 들어가는 강이다.

** 헤라클레스는 지브롤터 해협에 칼페 강과 아빌라 산으로 기둥을 세웠다고 전해진다. 파시스 강에서 헤라클레스의 기둥들까지라는 것은 당시 그리스 세계의 범위를 보여주는 것이다.

물을 통해 해와 별을 바라보면서 바다를 하늘이라고 생각하는 그것들은 게으르고 나약해서 바다의 표면에는 절대 다가가지도 못할 뿐 아니라, 바다 위로 떠올라 이곳이 자신이 있는 곳보다 얼마나 순수하고 얼마나 아름다운지도 보지 못하고, 다른 누구로부터 이곳에 대한 이야기조차 들어보지 못한 것과 같네.

우리도 이와 마찬가지 아니겠는가? 우리도 지구 위의 어느 우묵한 곳에 살고 있으면서, 그 표면에서 살고 있는 것처럼 생각하니 말일세. 게다가 대기를 하늘이라고 부르고 대기를 통해 별들이 운행하고 있는 것으로 생각하기 때문일세. 하지만 실제로 우리의 게으름과 나약함으로 인해 대지의 표면에는 이르지도 못하고 있는 걸세. 만약 누군가가 대기의 끝에 도달하거나 날개를 달고 날아오를 수만 있다면, 마치 물 속에서 고개를 내밀어 이곳을 바라보는 물고기처럼 저곳에 있는 것들을 바라볼 수 있겠지. 만약 그의 본성이 바라보는 것들을 견디어낼 수 있다면, 그것이 참된 하늘이며 참된 빛이며, 참된 땅이라는 것을 알 수 있게 될 걸세. 마치 바다의 모든 것들이 소금물로 인해 그렇게 되었듯이, 우리의 땅과 바위들 그리고 모든 지역은 부식되고 부패되었기 때문이라네.

바다 속에서는 가치있는 그 어떤 것도 자라지 않으며 완전함을 지닌 것도 전혀 없이 오직 동굴과 모래와 엄청난 진흙만이 있을 뿐이네. 바다의 어느 곳에 땅이 있다 해도, 우리들 곁에 있는 아름다운 것들과는 비교할 수조차 없는 것들뿐이네. 하지만 이 땅의 위쪽에 있는 그것들은 우리 곁에 있는 이것들과는 비교할 수조차 없을 만큼 뛰어난 것으로 보일 걸세. 그러므로 저 하늘 밑에 있는 그것들에 대해 이야기해도 좋다면, 시미아스, 그것은 들을 만한 가치가 있는 것일세."

"그 이야기를 정말 듣고 싶군요" 하고 시미아스가 말했습니다.

"무엇보다 먼저, 누군가 저 위에서 내려다본다면, 지구는 마치 열두 조각의 가죽으로 된 공처럼 보인다는군. 또 이곳의 화가들이 사용하는 다채롭고 뚜렷한 색깔로 구분되어 있다네. 하지만 그곳에서 바라본 지구 전체는 이곳보다 더 화려하고 순수한 색깔로 구성되어 있다네.

어느 부분은 진홍색이어서 놀라울 정도로 아름다우며, 어느 부분은 황금색이며, 흰 부분은 백악이나 눈보다 더 희고, 그런 식으로 다른 부분들도 다른 색깔들로 이루어져 있는데, 우리가 보았던 것보다 훨씬 더 다채롭고 아름답다는 거야. 물과 공기로 가득 차 있는 지구의 우묵한 곳들도 다채로운 색깔들 사이에서 빛을 내면서 다양한 종류의 색깔을 띠고 있다네. 그래서 이 땅은 지속적으로 변화하는 모습으로 보인다네. 이와 같은 지구에서는 나무와 꽃 그리고 열매들과 같은 자라나는 모든 것들이 정해진 특성대로 자라나고 있다네. 그리고 이와 같은 방식으로 산들이나 돌들 또한 부드러움과 투명함으로 한층 더 아름다운 색깔을 띠고 있다네. 우리들이 귀하게 여기는 홍옥과 벽옥과 취옥 등과 같은 모든 것들도 모두 그곳에 있는 돌들의 일부분일 뿐이네.

그러나 그곳에는 보석이 아닌 것이 전혀 없으며, 이곳의 것들보다 한결 더 아름답다네. 그곳의 돌들은 순수하며 부식되거나 파손되지도 않았기 때문이지. 소금물에 의해 그렇게 되는 것처럼, 이곳의 돌들은 이곳으로 흘러 들어오는 것들로 인해 부패하거든. 이것들은 돌들과 흙 그리고 동물들과 식물들에게도 온갖 추함과 질병을 가져다준다네. 게다가 그곳의 땅은 금과 은과 같은 것들로 장식되어 있다네. 그런 것들은 자연스럽게 볼 수 있으며, 수없이 많고 크기도 한 것들이 여기저기 널려 있어 바라보는 것만으로도 행복한 구경거리라네.

그 땅 위에는 많은 생물들과 함께 인간들도 있는데, 내륙에서 살기도 하고 마치 우리가 바닷가에 살고 있는 것처럼 대기 주변에 살기도 하고 대기가 감돌아 흐르는 대륙에 가까운 섬들에도 살고 있다는군. 한마디로 물과 바다가 우리에게 필요하듯, 그곳에는 대기가 필요하고, 우리들이 공기라고 하는 것을 그곳 사람들은 에테르라고 한다는 거야. 그곳의 기후는 그들을 병에 걸리지 않게 하기 때문에 이곳 사람들보다 훨씬 더 오래 살게 하는 혼합된 것이며,

시력과 청력과 같은 모든 능력에 있어 우리보다 월등하게 만들어 준다네. 그 차이는 공기가 물에 비해, 에테르가 공기에 비해 그 순수함에 있어 차이가 있는 것과 똑같은 정도라고 하네.

그들에겐 신들의 성역과 사당이 있는데 이곳의 진짜 거주자들은 신들이며 신들의 소리와 예언 그리고 신들을 느끼는 것과 같은 영적 소통을 느낄 수 있다고 하네. 또한 태양과 달 그리고 별들이 있는 그대로 보이며 이런 것들에 의한 행복이 있다는군.

이러한 것들이 그 땅 전체와 그 일부분의 본성이라고 할 걸세. 하지만 그 땅은 전체적으로 여러 지역이 있으며, 우리가 살고 있는 우묵한 곳보다 더 깊고 더욱 넓은 곳도 있고, 더 깊지만 비좁은 곳도 있으며, 그다지 깊지는 않지만 넓은 곳도 있다네.

그런 우묵한 곳들은 땅속으로 좁은 구멍이 뚫려 있어 통로가 넓은 곳도 있고 좁은 곳도 있다네. 이 모든 곳들은 땅속의 통로로 서로 연결되어 있으며 넓기도 하고 좁기도 한 물줄기가 있어 엄청난 양의 물이 서로에게 흘러 들어간다네.

또한 땅속에는 엄청난 크기의 영원히 흐르는 강들이 있는데, 물이 뜨거운 것도 있고 차가운 것도 있다네. 커다란 크기의 불의 강과 엄청난 힘을 지닌 불의 강도 있으며 질척한 진흙의 강도 많은데 보다 순수한 것도 있고 보다 더러운 것도 있다네. 마치 시켈리아에서 용암이 흐르기 전에 진흙의 강이 흐르고 용암 자체가 흐르는 것처럼 말일세. 각각의 강들이 때때로 서로에게 넘쳐흘러 이러한 지역들은 그러한 것들로 가득 차게 된다네.

이것들은 모두 마치 땅속에 어떤 파동이라도 있는 것처럼 위아래로 움직인다네. 이 파동은 어떤 성질 때문에 생기는 것이네. 그렇듯 지구의 벌어진 틈 중에서도 유달리 큰 것이 있는데, 호메로스가 말했듯이 이것은 지구를 관통하고 있는 것이라네.

아주 아주 멀리 떨어져 있는 그곳,

땅속의 가장 깊은 심연이 있는 곳으로.*

이것은 그와 다른 시인들이 타르타로스**라 불렀던 곳이라네. 이 깊게 갈라진 틈 속으로 모든 강물이 흘러 들어가고 흘러나오는데, 각각의 강들은 그것들이 흐르는 땅의 성질로 인해 그와 같은 것들이 된다고 하네. 이 모든 흐름이 여기로 흘러 들어오고 나가는 것은 이 액체가 바닥이나 엎혀질 곳이 없기 때문이라네. 그래서 파동을 일으키며 아래위로 출렁이며 움직이는데, 주변의 공기와 바람도 똑같이 움직인다고 하는군. 액체가 지구의 이쪽이나 저쪽으로 몰려갈 때 그것을 따라다니기 때문이라네. 마치 숨쉬는 것

* 호메로스의 「일리아스」 중에서.
** Tartros, 그리스 신화에서 지옥을 의미하는 곳이다.

들이 숨을 내보내고 들이마시는 것처럼 그곳에서도 액체와 함께 내뱉어지는 기체가 파동을 일으켜 무섭고도 엄청난 바람을 일으킨다는군. 그로 인해 물이 아래쪽으로 흘러내려갈 때는 지구를 관통하여 흘러가서 마치 쏟아붓듯이 채워버린다는 거야. 그리고 다시 그곳에서 떠나 이곳의 강들을 다시 채우고, 이것들이 가득 차게 되면 수로와 땅을 따라 넘쳐흐르다가 저마다의 목적지에 이르러 바다와 호수, 강 그리고 샘물이 된다네.

그러나 다시 땅속으로 스며든 것들은, 보다 멀고도 많은 지역을 돌아다니게 되는 것도 있고 적은 지역을 짧게 돌아 다시 타르타로스로 흘러들어가기도 한다네. 어떤 것은 본래 끌어올려졌던 곳보다 더 낮은 곳으로 흘러가거나 아주 조금만 낮은 곳으로 흐르는 것도 있지만 모두 다 본래 흘러나왔던 곳보다는 더 아래로 흘러가게 된다네. 흘러 들어왔던 곳과 정반대 쪽으로 흘러나가는 것도 있고 같은 곳으로 흘러가는 곳도 있으며, 완전히 원을 그리듯 돌아가는 것들도 있는데, 한번만 도는 경우도 있고 마치 뱀처럼 지구를 여러 바퀴 휘감아도는 경우도 있지만, 가능한한 아래쪽으로 내려가 다시 흐른다네. 어느 쪽이든 내려가는 것은 한가운데까지만 가능하고 그 이상은 불가능하다네. 양쪽의 흐름에 있어 각 방향에 오르막이 있기 때문이라네.

이밖에도 수없이 많은 온갖 종류의 큰 강들이 있지만, 그중에서도 특별히 커다란 네 개의 강이 있다네. 가장 크고 가장 바깥쪽으로 원을 그리듯 흐르는 것은 오케아노스*이며, 그 맞은편에서 반대쪽으로 흐르는 것은 아케론**이라네. 이것은 여러 사막 지대를 거쳐 땅 밑으로 흐르다 아케루시아스 호수에 이르는데, 이곳에는 수많은 죽은 자들의 영혼이 모여 있다가 길고 짧은 각자에게 주어진 시간을 보낸 후 다시 짐승으로 태어나기 위해 내보내진다네. 세번째 강은 이 둘의 중간 지점에서 솟아오르며, 그 출구 근처의 커다란 불길이 타오르는 광활한 지역으로 떨어져내려, 우리들의 바다보다 더 커다란 물과 진흙이 끓어오르는 호수를 이룬다네. 여기에서 진흙탕 상태로 원을 그리며 흘러 땅속을 휘돌아 아케루시아스 호수의 가장자리에 다다르게 되지만 이 호수의 물과는 섞이지 않고 땅속을 여러 차례 돌다가 타르타로스의 가장 낮은 곳으로 흘러 들어간다네. 이것이 피리플레게톤***이라 부르는 것으로, 이곳에서 흐르는 용암의 파편들을 땅의 이곳저곳으로 분출한다네. 그 맞은편으로 네번째 강이 흘러나와 온통 검푸른 빛깔을 띠고, 사람들이 무섭고 거칠다고 말하는 지역으로 흐르고 있

* Ōkeanos, 신화 속에 등장하는 티탄의 하나로 세계의 큰 강, 대양을 신격화한 것이다.
** Acherōn, 저승에 있는 강 중 하나로, 저승의 경계를 이루고 있다. 모든 영혼들은 이곳을 건너야만 한다. 고통의 강 혹은 비애의 강으로 불린다.
*** Pyriphlegethōn, 저승의 강 중 하나로, 불타는 강이라고도 불린다.

다네. 이 강이 스틱스[*] 호수로 흘러들어가 엄청난 힘을 얻게 되어 땅속으로 흘러 들어가 피리플레게톤의 반대편을 감돌아 역시 반대편으로 아케루시아스 호수와 만나게 된다네. 이 강물도 역시 다른 것들과는 섞이지 않고 원을 그리듯 돌면서 흘러 피리플레게톤의 맞은편에서 타르타로스로 흘러든다네. 시인들은 이 강을 코키토스^{**}라 부른다네.

"이 강들이 이런 상태에 있으므로, 죽은 자들이 저마다의 수호신에 이끌려 이곳에 오게 되면, 무엇보다 먼저 훌륭하고 경건하게 살았거나 그렇지 않았거나 모두 심판을 받게 된다네.

이러한 자들의 중간 정도로 살았던 자들은 아케론 강에 준비된 배를 타고 그 호수에 이르게 된다네. 그들은 그곳에 머무르면서 자신들이 저지른 죄과들에 대한 벌을 받음으로써 정화가 되면 용서를 받게 되지만, 저지른 잘못이 너무 많아 교정할 수 없는 자들은 즉, 여러 차례에 걸쳐 신전에서 절도를 했다거나 여러 차례의 살인죄를 지은 자들과 같은 경우엔 당연히 타르타로스 속에 던져지는데, 그곳에서는 다시 빠져나올 수가 없다네. 하지만 큰 죄를 지었다 해도 교정할 가능성이 있는 자들, 즉 순간적인 분노로 인해 부모를 폭행했지만 그후로는 참회하며 여생을 보냈다거나, 이와 비슷한 살인

---

* Styx, 역시 저승의 강 중 하나로, 증오의 강이라고도 한다.
** Kōkytos, 죽은 자를 위해서 통곡하는 강으로, 통곡의 강이라고도 부른다.

을 저지른 자들은 타르타로스에 던져지기는 하지만, 그곳에서 일 년 동안만 고통을 겪으면 커다란 물결이 밀려와 밖으로 떠밀어주는데, 살인을 저지른 자들은 코키토스로, 부모를 살해한 자들은 피리플레게톤으로 가게 된다네. 그들이 강물들에 실려 아케론 호수의 맞은편에 도착하면 그곳에서 자신들이 죽였거나 악행을 가한 사람들을 큰소리로 불러내, 강을 빠져나와 호수로 들어갈 수 있도록 허락해달라는 부탁을 하게 된다네. 그래서 설득이 되면 강에서 빠져나와 고통의 끝을 보게 되지만, 실패한다면 다시 타르타로스로 가서 다시 그 강들로 들어가게 된다네. 자신들이 해친 사람들을 설득하기 전까지는 그 고난은 끝나지 않는다네. 그들의 심판관이 그들에게 내린 판결이기 때문이라네.

하지만 남달리 경건하게 살았던 사람들은, 이 지상에서의 지역들에서 벗어나 마치 감옥에서 풀려나듯, 위쪽의 순수한 지역에 이르러 그곳의 땅에서 살게 된다네. 이러한 사람들 중에서 특히 지혜에 대한 사랑으로 충분히 정화된 자들은 육체가 없이 살게 되며, 다른 자들보다 훨씬 좋은 곳에 이르게 된다네. 그곳에 대해서 설명하는 것은 쉬운 일이 아니며, 지금으로서는 설명할 만한 시간 또한 충분하지 않은 것 같네.

하지만 시미아스, 지금까지 이야기한 것들을 위해 우리는 이 세상에서 미덕과 지혜를 얻기 위하여 모든 노력을 기울여야만 할 걸세. 그 보답은 고귀하고 희망은 크기 때문일세.

사실 이러한 일들이 내가 이야기한 것과 정확히 같을 것이라고 자신있게 주장한다면 지각있는 사람이라고 할 수 없을 것이네. 하지만 어쨌든 영혼은 분명 죽지 않는 것 같으므로 우리들의 영혼과 그 거처에 관한 것들을 믿는 것은 매우 타당하고, 실제로 그것을 믿는 모험을 하는 것도 가치있는 일이라고 생각하네.

모험은 고귀한 것이므로 이와 같은 것들에 대해 마치 주문을 외듯 스스로를 부추겨야 한다고 생각했기 때문에 이처럼 이야기를 길게 했던 것이네.

이러한 이유들 때문에 누구든 자신의 영혼에 대해 확신을 갖고, 생애를 통해 육체와 관련된 즐거움이나 장식품들은 그 본성상 자신의 것들이 아니며, 이롭게 하기보다 해롭게 하는 것이라 여기고 결별하되 배움과 관련된 즐거움에 대해서는 열의를 보이며, 영혼을 낯선 것이 아닌 영혼 자체의 장식물 즉, 절제와 올바름, 용기, 자유 그리고 진리로 장식하고서 하데스로 떠나는 여행을 기다리는 사람은, 운명이 부를 때 언제든 떠날 준비가 되어 있는 사람일세.

시미아스와 케베스, 그리고 모두들 들어보게. 누구든 언젠가는 그 여행을 떠나게 될 걸세. 하지만 지금은 운명이 나를 부르고 있네. 어느 비극 작가가 말했듯이 이제 욕실로 가야할 시간이 거의 다 되었네. 내 스스로 목욕을 한 후에 독약을 마셔야, 여인들이 죽은 내 육신을 씻는 괴로움을 당하지 않게 될 것 아닌가."

육체의 죽음을 슬퍼하지 말라

그분께서 말을 마치자 크리톤이 입을 열었습니다.

"알겠네, 소크라테스, 하지만 이 사람들이거나 나에게 자네의 아이들에 관계된 것이거나 그 밖의 일들에 대해 당부할 것은 없는가? 우리들이 기꺼이 처리해주겠네."

"평소에 내가 늘 말했듯이 별다른 것은 없네, 크리톤. 지금 자네들이 약속을 하지 않는다 해도, 그저 자네들 스스로를 잘 돌보기만 한다면 자네들이 무엇을 하든, 나와 내 가족을 위해서나 그리고 자네들 자신을 위해서도 은혜로운 일이 될 걸세. 하지만 자네들이 스스로 돌보지 않고, 조금 전과 앞서 이야기했던 것들의 발자취를 따르며 살아가지 않는다면, 비록 지금 많은 것들을 열성적으로 약속한다 해도, 제대로 할 수 있는 일은 아무것도 없을 것이네."

"우리들은 그렇게 하도록 노력하겠네. 그런데 자네를 어떻게 매장하는 것이 좋을까?"

"만약 자네들이 나를 붙들어 둘 수 있다면 도망가지 않을 테니,

자네들 마음대로 하게나."

그분은 우리들을 둘러보며 부드럽게 미소를 지으셨습니다.

"여보게들, 나는 지금까지 자네들과 대화를 나누었으며 또한 논의된 것들을 정리해온 사람이 바로 나 소크라테스라는 사실을 크리톤에게는 납득시키지 못하고 있다네. 그는 나를 이제 곧 죽을 사람으로만 생각하여, 어떻게 매장해줄 것인지를 물어보고 있다네.

하지만 상당히 긴 시간 동안의 논의 끝에, 내가 독약을 마시고 나면 나는 더 이상 자네들과 함께 있지는 않지만 축복받은 사람으로서 행복한 곳으로 떠나는 것이라고 했지만, 그에게는 아무런 소용이 없는 것처럼 보이는구려. 마치 내가 나 자신과 자네들을 위로하기 위해 꺼냈던 말인 것으로 생각하는 것 같으니 말일세.

그러니 이번에는 자네들이 크리톤에게 내 보증을 서주게나. 그가 배심원들에게 내가 결코 떠나지 않을 것이라고 보증을 서주었던 것과는 반대로 이번에는 내가 죽게 되면 머물러 있지 않고 꼭 떠난다는 것에 대해 보증을 서주게. 그래야만 크리톤이 내 육신이 불태워지거나 묻히는 것을 보고 끔찍한 일을 당하는 것으로 여겨 언짢아 하지 않고 잘 견디어내지 않겠나. 나의 장례식에서 입관을 한다거나 어디로 운반하고 어디에 묻는다는 말을 하지 않도록 말일세.

나의 친구 크리톤, 적절하지 않은 말을 하는 것은 그 자체로도 나쁘지만 우리의 영혼들에게도 상처를 주는 것임을 확신해야 하네. 우선 용기를 갖고 '내 육체'를 매장한다고 말하게. 그리고나서 자네가 가장 관습에 맞는다고 생각하는 방법으로 마음대로 매장하게나."

소크라테스의 죽음

말을 마치고 그분은 목욕을 하기 위해 다른 방으로 들어갔습니다. 크리톤이 따라가며 우리에게는 기다리라고 말했습니다. 그래서 우리는 지금까지의 이야기로 대화를 나누며, 다시 한번 생각해보다가, 우리들이 얼마나 커다란 불행을 맞이했는지 이야기하게 되었습니다. 마치 아버지를 빼앗기고서 나머지 생애를 살아가야하는 고아와 같다는 것이었습니다.

그분이 목욕을 마쳤을 때 그분의 자녀들이 안내를 받으며 들어왔습니다. 그분에겐 어린 아들 둘과 성장한 아들이 하나 있었습니다. 그리고 집안 여자분들이 오시자 크리톤과 이야기를 나누고 있던 그분은 그들에게 몇 마디 당부를 하시고 돌려보낸 후 다시 우리에게로 오셨습니다. 욕실 안에서 많은 시간을 보냈기 때문에, 어느덧 해질 무렵이 되었습니다. 목욕을 마치고 나서 자리에 앉으신 후론 말씀은 많이 하지 않으셨습니다. 그러자 11인 위원회의 관리가 들어와 그분 가까이 다가와 말했습니다.

"소크라테스 선생님, 제가 다른 사람들에게 그러듯이 선생님을 비난할 일은 전혀 없을 것입니다. 다른 사람들은 제가 집정관들의 명령에 따라 독약을 마시도록 지시하면, 저에게 욕설을 퍼붓고 저주를 하므로 그들에게 화를 냈습니다. 하지만 선생님은 지금까지 이곳에 오신 분들 중에서 가장 고귀하며 온유하시고 또 가장 훌륭하신 분이십니다. 그러므로 선생님께서는 비난해야 할 사람들이 누구인지 알고 계시므로 저에게는 화를 내지 않으실 것으로 압니다. 지금 제가 어떤 말씀을 전하기 위해 왔는지 알고 계시겠지요. 편히 가십시오. 그리고 불가피하게 겪으셔야 하는 것에 대해선 가능한 편안하게 견디십시오."

그는 눈물을 흘리고 발걸음을 돌려 가버렸습니다.

소크라테스께서는 그의 뒷모습을 향해 "그럼 자네도 잘있게. 나 또한 자네가 전한대로 할 것이네"라고 말씀하시고는 우리들을 돌아보며, "참 예의바른 사람이야! 그동안 저 사람은 가끔 내게로 와서 이야기를 나누었네. 참으로 소중한 사람일세. 지금도 나를 위해 진심으로 눈물을 흘리지 않나. 자 크리톤, 그의 말을 따르도록 하지. 독약을 찧어놓았다면 누군가를 불러 가져오도록 하게. 아직 찧지 않았다면 그 사람에게 찧게 하게."

그러자 크리톤이 말했습니다.

"하지만 소크라테스, 해는 아직 지지 않고 산등성이에 있다네. 게다가 다른 사람들은 지시가 내려진 다음에도 아주 늦게서야 독약을 마신다네. 식사도 하고 맘껏 술을 마시기도 하고, 더러는 사랑을 나누기도 하지. 서두르지 말게. 아직 시간이 남아 있다네."

그 말을 듣고 소크라테스가 말씀했습니다.

"크리톤, 다른 사람들이 자네의 말처럼 그렇게 하는 것은 당연하네. 그렇게 하는 것이 이익이라고 생각하니까. 하지만 나에게는 그렇게 하지 않는 것이 당연한 일이네. 나는 독약을 조금 늦게 마신다는 것 외엔 얻을 것이 전혀 없을 뿐더러, 그닥 남아 있지도 않은 인생을 그토록 사랑하여 아낀다면 내 자신에게 비웃음을 사게 될 것일세. 그러니 내치지 말고 내 말을 따라주게나."

그 말을 듣고 크리톤은 가까이 서 있던 소년을 향해 고개를 끄덕거렸습니다. 소년은 밖으로 나가 한참 후에 독약을 줄 사람과 함께 들어왔으며, 그 사람은 미리 찧어놓았던 독약이 든 잔을 들고 있었습니다. 그 사람을 보며 소크라테스는,

"당신은 이런 일에 익숙할 테니, 내가 어떻게 해야만 하는 거요?" 라고 물었습니다.

그 사람은 이렇게 대답했습니다.

"그저 이것을 마시고 나서 다리가 무거워질 때까지 걸어다니

가, 자리에 누우시면 됩니다. 그러면 독약이 작용을 하게 될 것입니다."

말을 마친 그는 잔을 소크라테스에게 내밀었습니다. 그분은 그 잔을 매우 기쁘게 받아들으셨고, 에케크라테스, 조금도 떨지 않고 안색도 전혀 변하지 않은 채, 평소와 다름없이 그 사람을 응시하며 말씀했습니다.

"신께 드리는 뜻에서 한 방울 떨어뜨리는 것은 합법적인가 아니면 불법인가?"

"소크라테스 선생님, 여기서는 마시기에 적당한 분량밖에는 찧지 않습니다."

"알았네. 하지만 이승에서 떠나는 것이 행운이 되도록 신들께 기원하는 것은 분명 합법이기도 하고 옳은 일일 것이네. 그러므로 나는 이렇게 기원을 드리며, 그대로 이루어질 것이라네."

그분은 이렇게 말하면서 독약을 스스럼없이 그리고 평온하게 다 마셔버렸습니다. 그때까지 우리들은 눈물을 참고 있었지만 그분이 독약을 마시는 것을, 아니 이미 다 마셔버리신 것을 보자 더 이상 참을 수가 없었습니다. 나 역시 하염없이 눈물을 흐르는 것을 어쩔 수가 없어 얼굴을 감싸안고 엉엉 울었습니다. 그분을 위해서 울었던 것이 아니라 그와 같은 친구를 빼앗긴 나 자신의 운명 때문에 그랬던 것입니다. 하지만 크리톤은 울음을 참을 수가 없어 나보다 먼저 자리에서 일어나 밖으로 나갔습니다. 그 전부터 울음을 멈추지 않고 슬퍼하던 아폴로도로스가 울부짖으며 통곡을 하며 괴로워하였습니다. 함께 있던 사람들 중에서 소크라테스 자신만을 빼고는 모두들 가슴이 찢어지는 듯했습니다.

그러자 소크라테스가 말씀했습니다.

"아니 이 사람들아, 대체 무슨 짓들을 하고 있는 것인가? 바로 이런 이유 때문에 여인들을 돌려보냈던 것이네. 이런 바보같은 짓을 할 것 같아서 말이야. 좋은 징조와 함께 죽는 것이 옳은 일이라는 이야기를 들은 적이 있네. 그러니 조용히 하고 의연하게 처신하게."

그 말을 듣고 우리는 부끄러운 생각이 들어 눈물을 삼켰습니다. 그분은 이리저리 거닐다가 한참 후에 다리가 점점 무거워진다면서 독약을 준 사람이 일러준 대로 자리에 똑바로 누웠습니다. 그러자 그 독약을 건네준 사람은 그분을 붙잡고 있다가 잠시 후에 그분의 발과 다리를 살펴보았습니다. 그리고 나서 발을 세게 누르며 감각이 있느냐고 묻자 그분은 감각이 없다고 대답했습니다. 그리고 나서는 허벅지에서부터 위로 옮겨가며 눌러보더니 우리들에게 그분의 몸이 서서히 차가워지면서 굳어가고 있다고 확인해주었습니다. 그러자 소크라테스께서는 자신의 몸을 만져보더니 독약이 심장에 도달하면 떠나야 한다고 말했습니다. 하지만 아랫배 근처가 거의 차가워졌을 무렵, 스스로 얼굴까지 끌어올려 덮고 있던 것을 걷으며 말씀하셨습니다. 이것이 그분의 마지막 말씀이었습니다.

"크리톤, 우리는 아스클레피오스에게 닭 한 마리를 빚진 것이 있네.* 소홀히 하지 말고 갚아주게나."

"그렇게 하겠네. 그 밖의 다른 할 말은 없는지 생각해보게."

크리톤의 물음에는 아무 대답도 없었지만, 잠시 후에 그분의 몸이 경련을 일으키듯 움직이자, 그 사람은 그분을 덮었고, 그분의 두 눈은 움직이지 않았습니다. 그것을 본 크리톤이 그분의 입을 다물게 해드리고, 눈을 감겨 드렸습니다.

에케크라테스! 이것이 우리 친구의 마지막이었습니다. 그는 우리들이 알고 있던 사람들 중에서도 가장 훌륭한 사람이었으며, 더 나아가 지혜롭고 정의로운 사람이었다고 말할 수 있을 것입니다.

---

* 아스클레피오스(Asklēpios)는 의학의 신으로, 병이 나으면 감사의 뜻으로 이 신에게 닭을 바쳤다고 한다. 영혼 불멸을 믿은 소크라테스가 죽음의 고통으로부터 벗어난 것을 신께 감사드린 것으로 해석된다.

부록

세 대화편에 대해서
소크라테스와 플라톤에 대해서
대화편에 대해서

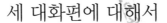

■ 부록 · 1

세 대화편에 대해서

소크라테스의 죽음을 말하다, 「변명」, 「크리톤」, 「파이돈」

플라톤의 대화편 「변명」, 「크리톤」, 「파이돈」은 아테네 법정에 소환되어 죽음에 이르기까지의 소크라테스의 모습을 대화체로 풀어 낸 작품이다. 이 세 편의 대화편을 통해 우리는 소크라테스 사상의 정수를 살펴볼 수 있다.

인간적 삶의 본질과 가치를 마주한 「변명」

「변명」은 소크라테스가 재판정에서 고소자들과 배심원을 향해 펼친 변론이다. 내용은 서론과 3개의 변론으로 구성되었다. 전반부는 최초의 고소자들에 대해, 멜레토스에 의해 실제 고소된 내용에 대해 그리고 그 밖에 재판과 관련된 오해에 대한 자신의 입장과 소신을 밝히는 부분이다. 그리고 후반부는 유죄 판결 이후 피고측에서 제청할 수 있는 형량 문제에 대한 소크라테스의 소신을 다룬 부분과 사형이 확정된 후 배심원들을 향한 연설 부분으로 나눌 수 있다.

소크라테스의 재판은 하루 동안 진행되었다. 소크라테스는 고소자의 선서진술서가 낭독된 직후 배심원들을 향해 변론을 펼친다. 이때 소크라테스는 재판정에서 사용하는 용어가 아닌 평소 광장이나 거리에서 했던 방식 그대로 이야기하는 것에 대해 양해를 구한다. 이것은 소크라테스가 재판정을 그간 토론해왔던 광장이나 거리와 다름없이 여기고 있음을 보여주는 것이다.

소크라테스는 고소장을 제출한 실제의 고소자들을 두번째 고소자라고 부르고, 편견에 의한 이전부터의 고발을 최초의 고소자[*]라 부르면서 그 고소자들을 비판한다. 소크라테스는 먼저 소피스트들의 행태와 자신의 언동이 결코 같지 않음을 이야기한다. 자신은 결코 돈을 받고 가르친 적이 없으며, 그들처럼 자랑삼아 이야기할 만한 '지식은 없다'며, 자신은 소피스트들과 다르다는 것을 이야기한다.

소크라테스는 그럼에도 왜 자신이 '현자'라는 소리를 들으며 왜 그러한 소리를 듣게 되었는지 해명한다. 소크라테스는 '소크라테스가 만인 가운데 가장 지혜롭다'라는 신탁을 반박하기 위해 자신

---

[*] 소크라테스는 자신에 대한 편견을 가지고 있는 사람들을 눈에 보이지 않는 고소자라고 생각했다.

보다 지혜로워 보이는 정치가, 시인, 기술자들과 만나 지혜에 관한 이야기를 나누지만, 결국 그들 모두가 자신의 생각과 달리 좋고 아름다운 것에 대해 아무 것도 모르고 있으면서도 알고 있는 것으로 여길 뿐만 아니라, 그 사실조차 깨닫지 못하고 있다는 것을 알게 되었다고 말한다.

그 과정에서 소크라테스는 자신은 모르는 것은 최소한 모른다고 생각하기 때문에 그들보다 지혜가 있다는 것을 깨닫게 되었으며 그러한 어리석음을 깨우치게 하는 것이 자신에게 부과된 신탁이라고 생각하였다. 그리고 그 신탁에 따라 수많은 사람과 지혜를 논하게 되었는데, 그 과정에서 자신의 무지가 드러난 이들이 불쾌하게 생각해 자신을 미워하게 되었다는 것이다.

이렇게 첫번째 고소자들에 대한 변론을 마친 소크라테스는 두번째 고소, 멜레토스의 고소에 대한 변론을 펼친다. 멜레토스의 고소 내용은 두 가지이다. 하나는 청년들을 타락시켰다는 것, 두번째는 나라가 인정한 신을 부정하고 다른 신을 섬겼다는 것이다.

이에 대해 소크라테스는 변명의 다른 부분과는 달리 멜레토스와의 대화 방식으로 진행한다. 이때의 대화법은 소크라테스적 문답의 전형을 보여준다. 문답을 통해 답변자로 하여금 그가 처음에 내건 주장과 모순되는 주장을 동시에 받아들이고 있음을 확인케 하여 그 스스로 처음의 주장이 그릇됨을 깨닫게 하는 것이다.

소크라테스는 멜레토스에게 자신이 청년들을 타락시킨 사람이라면, 청년들을 훌륭하게 만드는 사람들이란 어떤 자들인지 묻는 질문 등을 통해 멜레토스의 의견이 틀렸음을 증명한다.

이 대화 역시 소크라테스의 입장을 논증하기보다는 멜레토스의 무지를 드러내는 것에 초점이 맞춰져 있다. 멜로토스가 제기한 고소 이유에 대한 논박을 마친 소크라테스는 배심원들을 향해 무죄 판결을 받기 위해 철학의 탐구를 포기하지 않을 것이며 자신은 배심원의 말보다는 신에게 복종할 것이며, 계속 지혜를 사랑하고 권하면서 누구를 만나든 자신의 생각을 전할 것이라고 말한다.

두번째 변론을 마치면서 소크라테스는 배심원들의 감정에 호소하는 일반적인 관습을 따르지 않겠다고 말한다. 그것은 '현자'라 평판 나 있는 피고인 자신에게나 배심원에게나 국가에게나 바람직하지 않으며, 법률에 따라 재판한다는 서약을 깨는 것이기 때문이라는 것이다.

판결은 예상대로 유죄로 결정되었으나, 표차는 예상보다 적었다. 유죄에 투표한 사람이 281명, 무죄는 219명이었다. 형량을 결정하는 단계에서 먼저 원고측은 사형을 제청하였다. 피고인 소크라테스가 형량에 대해 변론할 순서가 되자 그는 자기가 왜 벌을 받아야 하는지 모르며 오히려 상을 받아야 할 사람이라고 주장한다. 곧 자신은 국가의 최대 이익이 되는 곳에 가서 그들에게 최대의 이익이 되는 일을 한 것뿐이라고 주장한다.

그러나 소크라테스의 주장은 그를 무죄로 평결한 배심원들마저 불쾌하게 만들었다. 형량을 결정하는 투표에서 소크라테스는 361 대 239표로 사형을 선고받는다.

이로써 모든 재판은 끝났다. 재판 이후 소크라테스의 연설은 재판의 일반적인 절차상 허락되지 않는 것이었지만 소크라테스의 아테네에서의 입지를 고려해서인지 예외적으로 허락된 듯 보인다. 이 부분에서 소크라테스는 마지막으로 자기에게 유죄와 사형을 투표한 사람과 무죄를 투표한 사람들을 향해 연설을 하는 것으로 「변명」을 끝낸다.

국가와 법 그리고 시민의 의무를 논한 「크리톤」

크리톤은 소크라테스의 오래된 친구이다. 크리톤과 소크라테스가 이념적으로 완벽하게 일치한다고는 할 수 없으나 서로 익숙하고 친밀한 관계를 유지하고 있었던 것 같다. 부유한 크리톤은 소크라테스가 재판을 받을 때 반대 형벌로서 벌금을 내주려고 했으며, 이번에는 탈출을 위한 자금을 제공하려고 한다.

「크리톤」은 배가 돌아온다는 소식을 듣게 된 크리톤이 감옥에 갇혀 있는 소크라테스를 방문하는 것으로 시작된다.

소크라테스는 탈옥을 권유하는 크리톤에게서 세상의 평판을 신경쓰며 두려워하는 모습을 발견한다. 크리톤은 만일 소크라테스가 죽는다면 자신에게는 두 가지의 큰 불행이라고 한다. 하나의 불행은 두번 다시 만날 수 없는 귀한 친구를 빼앗기는 것이며, 다른 불행이란 돈을 썼더라면 소크라테스를 구할 수 있었을 텐데 그렇게 하지 않은 자신을 비판할 많은 사람들의 평판을 듣는 것이다. 크리톤은 사람들의 평판을 무시해서는 안 된다고 말한다.

크리톤은 소크라테스의 탈출을 위해 먼저 그를 안심시키려 한다. 소크라테스의 탈출로 인한 다른 친구들의 재산 몰수나, 탈출 비용 그리고 외국에서의 생활에 대해 걱정할 필요가 없음을 이야기한다.

다음으로 크리톤은 소크라테스가 죽어서는 안 될 윤리적 이유 세 가지를 제시한다. 그것은 소크라테스는 살 수 있음에도 그것을 포기하는 것은 적들이 원하는 것이며, 낳은 자식들을 책임지지 않는 것이며, 주위의 친구들을 비겁하고 수치스럽게 만든다는 것이다.

이러한 크리톤의 제안에 대해 소크라테스는 세세하게 답변을 한다. 소크라테스는 먼저 크리톤이 진리가 아닌 세상의 평판을 중시해야 한다고 말하는 것은 올바른 제의가 아니라고 말한다.

소크라테스는 세상의 평판을 두려워하기보다는 어떠한 삶이 가치 있는 삶인가를 묻는 방식으로 답변을 한다. "사는 것이 아니라 행복하게 사는 것이 가장 중요하다"라며 "행복하게 사는 것은 올바르게 사는 것"과 동일한 것이라고 이야기한다. 소크라테스는 어떤 경우에도 결코 부정한 짓을 해서는 안 된다는 것을 강조한다. 이는 부정한 짓을 당했다고 해서 보복으로 부정한 짓을 해서도 안 된다는 것을 의미한다. 소크라테스는 이것이 대중이 아닌 소수의 견해임을 밝힌다.

소크라테스의 물음을 크리톤이 이해하지 못하자, 소크라테스는 의인화된 아테네의 법과 국가를 등장시켜 소크라테스와 가상으로 대화를 나누는 방식을 택한다.

대화 속에서 법과 국가는 소크라테스가 하려는 탈출 행위를 법과 국가를 죽이려는 파괴행위로 규정한다. 그것은 일단 내려진 판결들이 권위를 가져야 하는 법임에도 불구하고 힘을 갖지 못하고 개인들에 의해 권위가 무너지거나 파괴된다면 그런 국가는 전복되지 않고 계속하여 존속될 수 없기 때문이다.

또 혼인에 관한 법과 교육에 관한 법을 예로 제시하면서 그것들의 잘못 여부를 묻지만, 소크라테스는 잘못되지 않았다고 대답한다. 여기서 혼인법과 교육법이 제시된 것은 이러한 법에 의해 소크라테스의 부모가 결혼을 하게 되어서 소크라테스가 태어나 양육되고 교육받았기 때문이다. 소크라테스는 그러한 과정을 통해 성장한 사람은 누구나 국가의 자손이고 종복이라는 주장을 펼친다.

여기서 국가와 개인의 관계는 부모와 자식이라는 관계로 파악되고, 개인은 국가에 무조건 복종해야만 한다고 주장한다.

아테네 법은 모든 사람들이 시민으로서의 출생과 양육, 교육 그리고 훌륭한 모든 것들을 법으로부터 부여받았지만 그렇다고 해서 그들이 억지로 그 국가에 구속되어 있지 않음을 말한다. 모든 사람이 성년이 되면 누구든지 자신의 재산을 가지고서 어디로든지 떠날 수 있도록 허용하고 있다는 것이다. 그러나 그럼에도 떠나지 않고 남아 있다면 그것은 법이 명령하는 것을 이행하기로 합의한 것으로 본다는 것이다.

따라서 소크라테스가 탈출한다면 그것은 시민으로서 살기로 한 그 합의를 위반하는 것이 된다. 특히 소크라테스의 경우 누구보다도 가장 많은 비난의 대상이 될 수밖에 없는데, 그것은 그가 그동안 국외로 나간 적이 없으며 이곳에서 자식들까지 낳았기 때문이다. 또한 그는 재판정에서 추방보다 차라리 죽음을 선택하겠다고 공언하였기 때문이다.

이러한 입장에서 소크라테스가 탈옥을 한다면 아테네 법은 크리톤의 주장과는 달리 그것이 실제로 소크라테스 자신과 그의 친구들, 자식들에게 좋은 일이 되지 않는 것임을 이야기한다. 우선 그의 친구들은 위험을 피하여 도망친 결과로 국가를 잃어버리거나 재산을 빼앗기게 될 것이다. 소크라테스의 경우에는, 그가 만일 훌륭한 법을 가진 테바이나 메가라로 간다면 법의 파괴자라는 혐의 속에 그들 국가에 적대적인 사람으로, 청년들과 분별없는 사람들을 파괴하려는 사람으로 간주될 것이며 결국 배심원들에겐 그에 대한 재판이 옳았다는 확신을 주게 될 것이라고 말한다.

아테네 법과의 대화를 마친 소크라테스는 크리톤에게 더 이야기를 해보라고 하지만 크리톤은 더 이상 아무 말을 하지 못한다. 그리하여 소크라테스는 신께서 인도하는 대로 따르자고 하면서 이야기를 마친다.

형이상학적 이론의 기초가 된 「파이돈」

「파이돈」은 소크라테스가 한 달간의 감옥살이를 끝내고 마침내 독배를 마시게 된 마지막 날의 기록이다. 죽음을 앞둔 소크라테스는 영혼의 존재에 대해 회의를 표명하는 시미아스와 케베스와의 대화를 통해 영혼이 존재하며 또 불멸한다는 것을 증명하고자 한다.

이를 증명하기 위해 소크라테스는 대립의 원칙, 상기설, 영혼과 형상의 유사성 등에 입각해서 영혼의 불멸을 증명한다. 먼저 소크라테스는 아름다움이 추함에서 생겨나고, 정의가 불의에서 생겨나고, 약한 것이 강한 것에서 나오고, 찬 것이 뜨거운 것에서 나오듯, 상반되는 모든 것들은 그 반대되는 것으로부터 나온다는 논리를 펼친다. 이런 대립의 원칙이 인정된다면, 죽음은 삶에서부터 나오고 삶은 죽음에서부터 나온다는 명제가 성립되는 것이다. 또한 이 명제가 사실이라면 죽은 자의 영혼이 죽지 않고 어딘가에 존재하다가 되돌아온다는 것이다.

또한 배운다는 것은 이미 알았던 것을 상기하는 것이라며, 그것을 기억하는 영혼이 반드시 존재한다고 주장한다. 영혼이 없다면 상기는 불가능하기 때문이다. 그러므로 영혼은 인간의 형태 속에 깃들기 전에도 육체로부터 분리되어 존재하며, 지혜도 가지고 있게 된다. 영혼도 불멸하고 사물의 절대적 본질인 이데아도 불멸하는 것이라면, 영혼과 이데아는 유사한 것이라 할 수 있다.

소크라테스의 논리에 부분적으로 설득된 시미아스와 케베스는 육체가 영혼에서 생성되고 있다는 점을 인정하지만, 과연 영혼이 육체보다 오래 존속할지, 영혼이 육체보다 먼저 사멸하는 것은 아닌지에 대한 의문을 제기한다.

시미아스는 영혼을 '조화'라는 관점에서, 영혼은 육체 속에 있는 모든 요소의 혼합이므로 죽음에 의해 육체보다도 먼저 사멸해버리는 것이 아니냐는 질문을 한다. 케베스는 영혼이 육체보다 더 오래 존속하지만, 영혼이 끊임없이 육체들을 옮겨 다니지 못한다면, 마지막에 머무르는 육체의 경우, 영혼은 죽은 후에도 뼈와 살이 어느 정도 남아 있게 되는 육체보다 먼저 사멸하는 것이 아니냐는 질문을 한다.

시미아스의 질문에 대해 소크라테스는 영혼이 육체의 조화라면, 영혼은 육체가 먼저 생성된 후에 생겨야 하며, 영혼은 육체가 원하는 바를 행해야 하는데, 육체가 영혼에서부터 나온다는 것은 이미 동의된 사실이며 육체가 갈증으로 인해 물을 마시고 싶어하지만 영혼이 그 욕망을 제어하는 경우도 있다는 것을 고려할 때 영혼이 육체보다 먼저 사멸한다는 것은 잘못된 것이라고 대답한다.

케베스의 질문에 대해 소크라테스는 형상을 존재와 변화의 원인으로 제시했다. 아름다움이나 좋음이라는 그 자체의 이데아가 존재한다면, 그 형상들은 아름다움의 이데아에 참여하고, 좋음의 이데아에 참여하기 때문이라고 이야기한다. 즉 어떤 것이 뜨거워지는 것은 뜨거움이 불에 관여할 때이다. 불이 뜨거움을 가져온다면 불은 뜨거움의 대립자인 차가움을 받아들을 수 없다. 마찬가지로 인간에게 생명을 부여하는 영혼은, 죽음이 다가온다면 죽음을 피할 것이며, 죽음을 받아들이지 않는 영혼은 불사이며 불멸할 수밖에 없다고 말한다.

시미아스와 케베스의 질문에 대한 답변을 통해 영혼의 불멸을 증명한 소크라테스는 죽음을 맞이하고 있는 자신의 마음을 이야기한다. 영혼의 불멸을 믿고 있는 소크라테스가 죽음을 맞이하는 모습은, 영혼의 불멸에 대한 확신도 없이 죽음을 두려워하고 있는 케팔로스*의 모습과는 전혀 다르다.

소크라테스는 독배를 마신 뒤 크리톤에게 "아스클레오피스에게 내가 닭 한 마리를 빚진 것이 있네. 기억해두었다가 꼭 갚아주게"

---

* Kephalos, 시라쿠사 출신의 귀족으로 「국가」에서 죽음에 대해 소크라테스와 대화를 나누는데 케팔로스는 죽음을 두려워하고 있다.

라는 말을 마지막으로 죽음을 맞이한다.

아스클레오피스는 건강의 신이며, 닭은 흔히 병에서 회복되었을 때 감사의 뜻으로 바치는 제물이다. 소크라테스는 자신이 죽음으로써 육체가 주는 병에서 벗어나 영혼이 자유롭게 되었으므로 이를 감사하기 위해 한 말이라는 뜻으로 해석된다.

「변명」과 「크리톤」, 「파이돈」의 시대적 배경

소크라테스와 플라톤이 살았던 시대는 아테네의 황금기를 이끌었던 페리클레스의 통치력이 흔들리기 시작하면서 그 여파로 스파르타와의 펠로폰네소스 전쟁*이 발발한 시기이다. 전쟁 동안 페리클레스가 사망하고(BC 429년) 전염병으로 시민의 4분의 1이 사망하자 아테네는 정치적으로나 사회적으로 더욱 혼란스러워졌다. 게다가 전쟁은 그리스 전역으로 확대되었고 시민들은 끊임없이 전장에 동원되었다. 소크라테스도 이 전쟁에 참전했다. 전쟁은 결과적으로 그동안 아테네 민주정의 기반이었던 시민사회를 조금씩 약화시켰다.

소크라테스는 아테네 사회가 위기에 빠지게 된 근본적인 이유가

---

* BC 431~404년, 아테네 민주정치와 스파르타 과두정치의 갈등으로 인해 시작된 전쟁으로, 스파르타의 승리로 끝났으나 고대 그리스 쇠망의 원인이 되었다.

정치가들의 무지와 도덕적 부패 그리고 혼란을 틈타 권력욕을 채우려는 일단의 무리들과 그들을 부추기는 타락한 지식인들(소피스트)에게 있다고 보았으며, 정치가들을 향해 통렬한 비판을 날리며 특유의 대화법으로 그들의 무지를 깨우치려고 했다.

이러한 행적으로 인해 아테네인들 중 차츰 그를 싫어하는 사람이 늘어났다. 특히 정치권의 기득권자들에겐 전혀 달갑지 않은 인물이 되었다. 소크라테스와 대화를 하면 할수록 자신들의 무지가 폭로된다는 것을 알고 있었기 때문이다. 특히 거짓 선동과 수사로 권력을 유지하려고 했던 아테네의 정치가들에게는 더욱 위협적인 인물이 되었다.

아테네는 내부의 정치적 혼란과 전쟁을 겪으면서 차츰 패망의 길로 접어들고 있었다. 27년 동안이나 계속된 펠로폰네소스 전쟁이 기원전 404년 스파르타에 대한 아테네의 무조건 항복으로 끝나게 되면서부터는 친 스파르타주의자들에 의한 30인 공포정치*가 시작되었다.

아테네를 서서히 패망으로 몰고 간 원인에는 소크라테스의 가르침을 추종했던 알키비아데스와** 크리티아스가 관련되어 있었다.

---

* 펠로폰네소스 전쟁에서 패한 아테네는 스파르타의 장군 리산드로스의 후견 하에 민주정이 폐지되고, 30명의 귀족들에 의한 과두정이 수립하게 된다. 이들은 극단적인 정치를 행했는데, 민주파 시민 1500여 명을 살해했으며, 다수를 추방하거나 재산 몰수를 하는 등 공포정치를 펼쳤다.

** 아테네의 정치가·군인. 소크라테스의 가르침을 받았으나, 무절제와 사리에 치우쳐 펠로폰네소스 전쟁을 패배로 이끈다.

특히 크리티아스는 30인 공포정치의 핵심인물로 그를 가르쳤던 소크라테스가 고소를 당하게 되는 실제적인 빌미가 되었다.

30인 참주정이 혁명군에 의해 타도되고 민주정이 부활한 기원전 402년의 아테네는 공포정치가 남긴 후유증에서 좀처럼 벗어날 수가 없었다. 공포정치에 의한 학살과 모반 그리고 생존을 위한 투쟁을 겪으며 평범한 아테네 사람들은 서로에게 적대적인 두 파로 갈라졌다. 이것이 혁명 후에는 보복을 위한 매도와 비난과 증오로 변질되면서 새로운 정치 사회적 통합을 위협하는 불안의 요인이 되었다.

이는 새로운 민주정 하의 아테네를 구축하고자 했던 정치지도세력에겐 심각한 문제였다. 그리하여 그들은 아테네 시민들 모두가 공포정치의 피해자라는 생각으로 그 시절에 저지른 일체의 범죄에 대사면령을 내렸다. 그리고 그 시절의 일을 상기시키거나 그 일로 상호 비방하거나 싸우는 일체의 행위를 금지하는 법률을 공포하였다.

그러나 소크라테스는 이전과 다름없이 저잣거리 등에서 사람들과의 대화를 계속해나갔다. 그는 계속 사람들에게 무지를 깨닫게 하였으며, 고대 민주주의의 근본 악은 참된 통찰과 적합한 지식을 갖추지 못한 사람들에 의해 국가가 다스려진다는 것이라는 점을 대화 주제로 하였다. 이런 소크라테스의 모습이 당시에 정치를 주도하던 세력들의 눈에 좋게 보일리 없었다. 더구나 소크라테스는 공포정치를 이끈 핵심인물들의 스승인데다가 저잣거리에서 만나는 아테네인들에게 건네는 그의 말과 행동은 민주정*에 대해 비판적이었기 때문이다.

소크라테스는 기원전 406~405년에는 500인회** 의원으로 있으면서, 아르기누사이 해전***의 승전자들을 재판할 때에도 처음에는 동료 의원들과 함께, 후에는 혼자서 온갖 협박에도 불구하고 불법적인 유죄판결*을 끝까지 거부하기도 했다. 그러나 아테네의 정치가들은 스스로 정한 법률로 인해 소크라테스의 신랄하고도 예리한 비판정신을 처벌할 수 없었다.

그러나 30인 공포정치 체제를 전복시킨 아테네의 민주정은 정치적 목적을 달성하기 위해서 소크라테스를 희생양으로 삼으려고 하였다. 그리하여 그들 중 당시 정치적 인기를 누리고 있었던 아니토스는 멜레토스라는 시인을 앞세워 '청년들을 타락시키고 다른 신을 섬긴다'는 이유로 소크라테스를 고소하게 된 것이다.

* 오늘날 소크라테스가 반민주주의자였다고 비난받는 부분이다. 소크라테스는 아테네의 불합리한 민주주의를 비판했다.
** 아테네의 심의위원회. 시민 중에서 매년 추첨으로 뽑았다. 민회의 안건을 결정하거나 행정관들을 탄핵하기도 했다.
*** 아르기누사이 섬은 소아시아와 레스보스 섬 사이에 있는 섬으로, 펠로폰네소스 전쟁 말기의 해전을 말한다.

■ 부록 · 2

소크라테스와 플라톤에 대해서

철학을 하늘에서 땅으로 끌어내린 소크라테스

소크라테스는 서양철학의 기초를 마련한 고대 그리스 시대의 세 인물 중 첫번째로 꼽히는 인물로 아테네가 페리클레스 치하에서 영화를 누리던 기원전 470년에 아테네의 중산층 가정에서 태어났다. 그의 아버지는 당시 활발했던 아테네의 석조 건축계획에도 여러 차례 관여한 조각가였고 어머니는 산파였던 것으로 전해진다.

소크라테스 역시 아크로폴리스의 카리타스 군상이 그의 작품이라고 말해질 정도로 젊은 시절에는 유능한 조각가였다고 한다. 뿐만 아니라 소크라테스는 젊은 시절부터 자연과학에 관심을 두었으며 한 곳에서 오랫동안 사색에 잠길 정도로 탐구심이 높았다. 조각일을 하면서도 이미 "조각가는 대리석 덩어리로 인간을 만들면서도 자기 자신을 돌덩이처럼 만들지 않으려는 노력은 조금도 하지 않으니 이상한 일이다"라고 되뇌었다고 한다.

아테네의 평범한 시민이었던 소크라테스는 당대의 희극 작가 아리스토파네스의 「구름」에서 주인공역을 통해 풍자가 될 정도로 유명해지기 시작했다.

그것은 소크라테스가 40세가 되던 기원전 430년으로, 그가 철학자로써 삶을 막 시작하는 시기였다. 전쟁터에서 돌아온 그는 매일 거리로 나가 사람들과 이야기를 나누었다. 부자이든 가난한 자이든, 광장에서든 시장에서든 자신과 대화를 나누고자 하는 사람이라면 누구라도 가리지 않았다. 상대가 무지의 지*를 깨달을 때까지 한 가지 주제를 놓고 질문과 대답의 형식으로 대화를 나누었다.

소크라테스가 토론을 통해 해명하고자 했던 것은 인간의 윤리적인 태도에 대한 것들이다. 그는 아테네의 시민과 청년들이 절제가 무엇이며, 용기와 우정은 무엇인지를 질문과 답을 통해 자신과의 대화 속에서 스스로 발견하기를 원했다.

소크라테스는 대화에 있어 '변증'이라는 방법을 사용했다. 소크라테스의 날카로운 질문에 사람들은 스스로 자신이 아무 것도 알지 못하고 있다는 결론에 이르게 되었다. 이로 인해 그들은 소크라테

---

* 자기가 어떤 것에 대해 모르고 있다는 사실 자체를 깨닫는 지(知). 진리에 이르는 출발점이 무지에 대한 자각이라고 소크라테스는 생각했다.

스로부터 사정없이 공격당했다고 생각하게 되었으며 소크라테스는 많은 아테네 시민들에게 두려움의 대상이 되었다.

결국 소크라테스는 '불경죄'로 기소되었다. 이때 소크라테스의 나이는 일흔이었다. 그때까지 소크라테스는 자신의 친구나 청년들과 토론을 하며 평생을 보냈을 뿐, 돈을 벌려고 하지 않았으며 무엇을 가르친 대가로 돈을 받지도 않았다.

소송을 제기한 자는 권력자 아니토스로서, 기원전 403년 반혁명을 통해 복위한 민주파의 리더였다. 그러나 소크라테스를 직접 고발한 사람은 멜레토스였다. 기소 이유는 '청년들을 타락시키고' '국가가 숭배하는 신들을 무시하고 새로운 종교를 끌어들였다'는 내용이었지만 저변에 깔린 정치적인 이유는 당시 30인 참주의 공포정에 대한 반발로서 보수적인 민주정을 시행하고 있던 아테네의 정치가들이 소크라테스가 반민주주의자인 알키비아데스와 30인 참주의 우두머리였던 크리티아스에게 영향을 미쳤다고 판단했기 때문이다.

소크라테스는 배심원 투표에서 281 대 219로 유죄 판결을 받았고, 기소자는 사형을 요구했다. 항소가 받아들여져 소크라테스는 배심원들 앞에서 공개적으로 자신을 변론했다. 그는 당당하게 자신이 도리어 국가에 대한 공헌자라고 주장했다. 그러나 이러한 주장은 도리어 법정의 배심원들을 흥분시켰고, 결국 소크라테스는 배심원 501명 가운데 361명의 요구로 사형을 선고받았다.

소크라테스는 감옥에서 매일 친구들과 만나 평소와 다름없이 이야기를 나누었다. 크리톤이 탈출 계획을 꾸몄으나 소크라테스는 이를 거절했다. 잘못된 판결이라도 그 판결은 법정의 판결이고 그것을 지켜야 한다는 이유로 결국 소크라테스는 독배를 마셨다.

소크라테스는 인간이 죄를 저지르는 것은 지식이 부족하기 때문이라고 생각했다. 어떤 일에 대해 제대로 인식하기만 하면 죄를 짓지 않는다는 것이다. 따라서 인간의 최고 선인 덕(훌륭함)에 이르기 위해서는 누구나 지식을 가져야 한다고 주장했다.

소크라테스는 자신의 철학을 글로 남긴 것이 없다. 다만 그의 열렬한 제자였던 플라톤의 저작물을 통해 정리되어 오늘날까지 전해지고 있다.

서양 철학의 기초가 된 플라톤

플라톤은 페리클레스가 죽은 지 1년 뒤인 기원전 428년(혹은 427년)에 태어났다. 플라톤이 태어났을 때 소크라테스는 이미 철학가로써 최고의 명성을 누리고 있었다. 플라톤의 아버지 아리스톤은 아테네의 마지막 왕 코드로스의 후손이며, 어머니 페릭티오네 또한 명문 귀족 출신으로 플라톤은 당시 그리스 문화를 주도하던 아테네의 예술과 정치, 철학 등을 두루 접했을 것으로 보인다.

플라톤은 기원전 404년 과두정을 이끌었던 크리티아스와 카르미테스를 외숙으로 두는 등 정치가의 집에서 성장했다. 정치가들 사이에서 자란 플라톤은 청년시절에는 자연스럽게 정치적인 야망을 품고 있었다.

플라톤은 과두정이 몰락한 후에는 민주정에 기대를 걸었지만, 소크라테스와 같은 인물이 합법적으로 사형에 처해지자 충격을 받고 그동안 자신이 품고 있던 정치적 사명감이나 포부에 대해 회의를 느낀다. 이에 플라톤은 민주제는 우민정치와 마찬가지라고 느낀다. 아테네의 정치적 몰락과 소크라테스의 죽음은 플라톤에게 민주제에 대한 절망감을 안겨주었고, 플라톤은 권위와 지식이 적절히 함유된 정치체제를 구상해야 할 필요성을 느꼈다.

플라톤에게 가장 큰 영향을 끼친 것은 바로 소크라테스의 삶과 가르침이었다. 어릴 때부터 소크라테스를 따르던 그는 철학을 소크라테스와 마찬가지로 하나의 전문화된 것이 아닌, 생활 방식으로 생각했다. 철학은 과학과 인간 행동의 영역에 공히 적용되기 때문에 철학을 하기 위해서는 지적 능력뿐만 아니라 도덕적 품격도 요구된다는 것이 그의 주장이었다.

소크라테스와 마찬가지로 플라톤 역시 완전한 지식이나 절대적 진리를 발견했다고는 생각하지 않았다. 지식으로 향하는 가장 확실한 방법은 변증법이라는 확신만을 갖고 있었다. 변증법이란 한 가정이나 가설을 세워 끊임없이 반대 주장과 대비시키는 것이다. 이는 소크라테스가 대화를 나눌 때 썼던 방식이다.

자신의 저서를 단 한권도 남기지 않은 소크라테스의 사상은 플라톤에 의해 지금까지 전해져오고 있다. 플라톤은 가장 사실적으로 소크라테스의 사상을 전해줄 수 있는 대화 형식으로 저서들을 집필했다.

플라톤은 대화편을 거의 완성하던 시기(기원전 387년 경)에 아테네 근교에 철학과 과학의 교육과 연구를 위한 학교인 아카데미아를 세웠다. 플라톤의 나이 마흔살때였다.

그뒤 플라톤은 20년 동안 아카데미아의 학장으로 여러 가지 일을 관장했다. 아카데미아의 주요 목적은 본원적인 탐구를 통해 과학적 지식을 추구하는 것이었다. 플라톤의 주요 관심은 정치가들의 교육에 있었다. 그들의 교육을 엄격한 지적 훈련으로 이끌기 위해 수학, 천문학, 화성학 등 과학적 탐구 방식을 과정에 포함시켰다. 원뿔곡선론 같은 기원전 4세기의 중요한 수학적 작업들을 비롯하여 테아이테토스의 입체기하학, 에우독소스의 비례론과 곡면체의 면적과 부피를 찾는 방법 등도 이곳에서 연구되었다. 이밖의 플라톤의 친구인 아르키타스의 역학, 플라톤의 조카이며 자연사에 관한 많은 저서를 남긴 스페우시포스와 생물학에 관한 아리스토텔레스의 초기 저술들처럼 수학 이외의 분야에서도 활발한 연구가 이루어졌다.

소크라테스의 죽음으로 인해 플라톤은 정치에 대한 포부를 버리게 되었고, 이후 어떠한 정치 활동에도 참여하지 않았다. 그러나 플라톤은 엄밀한 지식이야말로 지도자의 훈련을 위해 가장 적절한 것임을 누차 강조하며, 아카데미아에서 연구한 정치철학을 현실에 구현하려 시도했다. 기원전 367년 시칠리아의 시라쿠사의 통치자 디온의 요청으로 그곳으로 건너가 유토피아적인 이상국가를 실현해보고자 했으나 이 시도는 결국 실패했다.

플라톤은 만년에도 끊임없이 저술 활동을 했으며, 아카데미아에서 뛰어난 명민성을 보이던 아리스토텔레스를 주목했다.

아카데미아는 플라톤이 죽은 뒤에도 2세기 반 동안 지적 삶의 중심지로 남아 있었으며 그후 900년 이상 지속되었다.

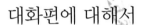

대화편에 대해서

오늘날까지 전해지는 플라톤의 저작물은 36편 정도인데 일부는 위작으로 밝혀졌지만 그중 25편은 플라톤이 직접 쓴 것으로 확인되었다. 저작물 대부분이 대화 형식으로 되어 있어 '대화편'이라고 한다. 「대화편」에서는 플라톤 자신은 단 한번도 등장하지 않는다. 그러나 등장인물들은 모두 역사적 실존인물이며, 대체로 소크라테스가 주인공이다.

대화편은 언제 씌어졌는지 정확한 연대를 알 수 없다. 일반적으로 초기, 중기, 후기로 나뉘는데, 초기편에서는 소크라테스의 사상을 옹호하는 플라톤의 열정이 강하게 드러나며, 소크라테스의 영향이 짙게 나타나 있다. 중기는 문학적으로 가장 완성도가 높다고 손꼽히며 플라톤이 시라쿠사에 다녀온 이후 아카데미아를 세운 시기에 씌어졌다. 초기와 달리 다양한 문제들을 다룬다. 후기는 플라톤이 노년에 쓴 것으로 중기 대화편에서 다룬 내용을 깊이 있게 다룬다. 추상적이고 전개 과정이 복잡하지만, 그의 사상이 잘 나타나 있다.

플라톤의 대화편을 시대별로 구별하면 다음과 같다.

■ 초기 ─────────────────────────────────

변명 Apologia | 크리톤 Kriton | 라케스 Laches | 리시스 Lysis | 카르미데스 Charmides | 에우티데모스 Euthydemos | 프로타고라스 Protagoras | 고르기아스 Gorgias | 이온 Ion | 에우티프론 Euthyphron

■ 중기 ─────────────────────────────────

메논 Menon | 파이돈 Phaedon | 향연 Symposion | 국가론 Politeia | 파이드로스 Phaidros | 크라틸로스 Cratylos | 메넥세노스 Menexenos

■ 후기 ─────────────────────────────────

파르메니데스 Parmenides | 테아이테토스 Theaitetos | 소피스테스 Sophistes | 정치가 Politikos | 필레보스 Philebos | 티마이오스 Timaios | 크리티아스 Kritias | 법률 Nomoi

■ 초기 대화편들

• 「변명 Apologia」: 청년들을 타락시키고 신을 섬기지 않는다는 이유로 고소당한 소크라테스가 자신을 변호한다.

• 「크리톤 Kriton」: 크리톤이 감옥에 갇힌 소크라테스를 찾아가 탈옥을 권유한다.

• 「라케스 Laches」: 소크라테스와 장군 라케스와 니키아스가 용기에 대해 나눈 대화로, 자식의 교육을 누구에게 맡길 것인가에서부터 전문적인 지식에 대한 질문으로 발전한다.

• 「리시스 Lysis」: 소크라테스가 두 청년과 함께 나눈 대화로, 우정이란 무엇인지 다루고 있다.

• 「카르미데스 Charmides」: 절제란 무엇인가에서부터 자기 자신을 안다는 것이 어떤 것인지 논의한다.

• 「에우티프론 Euthyphron」: 신들에 대해 인간이 가져야 할 '경건함'에 관해서 소크라테스가 사제 에우티프론과 나눈 대화이다.

• 「프로타고라스 Protagoras」: 소피스트 프로타고라스와 소크라테스의 대화로, 덕은 가르칠 수 있는지, 덕의 단일성은 무엇이며, 덕에서 앎은 어떤 역할을 하는가에 대해 논쟁을 펼친다.

• 「고르기아스 Gorgias」: 소크라테스가 세 명의 소피스트와 벌이는 대화로 삶을 지배하는 최고의 도덕성을 위해 필요한 것이 옹

변술인지 아니면 논리적 능력인지를 논한다.

- 「이온 Ion」 : 최고의 호메로스 해석자인 이온과 소크라테스가 시에 대해 나눈 대화로, 불합리한 영감에 의존해서 창작하는 시인들에 대한 불신을 말한다.
- 「에우티데모스 Euthydemos」 : 언어의 다의성을 악용해 사람들을 혼란에 빠뜨리는 '논쟁가'들을 비판하고, 그것의 올바른 사용만이 행복을 약속한다는 소크라테스의 간절한 권고를 통해 무익한 논쟁들을 비판한다.

■ 중기 대화편들

- 「메논 Menon」 : 덕이란 무엇이며, 그것은 가르쳐질 수 있는 것인가의 문제에 대해서 논한다.
- 「파이돈 Phaedon」 : 소크라테스의 사형 집행이 이루어지는 날, 제자들과 영혼의 불멸에 대해 나눈 대화이다.
- 「향연 Symposion」 : 영원한 대우주의 아름다움과의 합일을 추구하는 가장 고귀한 사랑에 대해 나눈 대화편이다.
- 「국가론 Politeia」 : 모두 열권으로 구성되어 있으며 '정의란 무엇인가?', '정의는 올바른 사람을 이롭게 하는가?'에 대한 대화이다. 이상국가와 올바른 인간에 대해 폭넓게 대화를 진행한다.
- 「파이드로스 Phaidros」 : 소크라테스가 파이드로스와 사랑에 대

해 나눈 대화이다.

- 「크라틸로스 Cratylos」: 사물의 명칭이 지시하는 대상과의 관계에서 의미를 갖는지, 관습에 의해서 의미를 갖는지에 대한 대화이다.
- 「메넥세노스 Menexenos」: 코린토스 전쟁에서 죽어간 병사들을 위한 소크라테스의 반어적이고 허구적인 헌사로, 애국심을 빙자해서 역사를 왜곡하는 자들을 비판한다.

■ 후기 대화편들

- 「파르메니데스 Parmenides」: 이데아론의 여러 문제들이 제기되며, '일자(一者)와 다자(多者)'의 의미와 '일자가 다자에 참여하는지'에 대한 논의를 펼친다.
- 「테아이테토스 Theaitetos」: 지식의 정의에 대한 논의이다. 형상이론이나 상기설을 끌어들이지 않고 지식의 문제를 다루고 있다.
- 「소피스테스 Sophistes」: 소피스트의 정의가 무엇인지에서 존재란 무엇인가에 대한 질문으로 구성된 대화편이다.
- 「정치가 Politikos」: 개인에 의한 통치와 법에 의한 통치를 논하며, 정치가의 정의와 정치가 특유의 지식에 대한 대화편으로, 정치론의 기초를 마련한다.

- 「필레보스 Philebos」: 선을 쾌락과 동일시할 수 있는가 아니면 지혜와 동일시할 수 있는가 하는 문제를 다룬다.

- 「티마이오스 Timaios」: 우주론에 관한 설명으로써 신이 영원한 형상을 본떠 이 세계를 만들어가는 과정을 논하고 있다. 플라톤이 물질에 관해 구조적으로 즉 피타고라스의 기하학을 도입하여 설명한다.

- 「크리티아스 Kritias」: 지진으로 인해 바다에 가라앉았다고 전해지는 아틀란티스 섬에 대한 이야기로 미완성이다.

- 「법률 Nomoi」: 총 열두 권으로 구성된 가장 긴 대화편으로써 윤리·교육·법 그리고 신에 관해 다루고 있다. 이상적인 국가의 건립이 아니라, 현존하는 도시국가들이 채택할 수 있는 헌법 및 법률 제정의 틀에 대해 논의한다.